U0491252

科技创新与智能制造系列

企业智能化
技术创新、管理创新与经营绩效

吴硕　徐双喜　奚晓军　◎著

企业管理出版社
ENTERPRISE MANAGEMENT PUBLISHING HOUSE

图书在版编目（CIP）数据

企业智能化：技术创新、管理创新与经营绩效 / 吴硕，徐双喜，奚晓军著 . —北京：企业管理出版社，2021.9

ISBN 978-7-5164-2488-9

Ⅰ.①企… Ⅱ.①吴… ②徐… ③奚… Ⅲ.①互联网络—影响—企业管理—研究 Ⅳ.① F272

中国版本图书馆 CIP 数据核字（2021）第 182615 号

书　　名：	企业智能化：技术创新、管理创新与经营绩效
作　　者：	吴　硕　徐双喜　奚晓军
责任编辑：	尤　颖　宋可力
书　　号：	ISBN 978-7-5164-2488-9
出版发行：	企业管理出版社
地　　址：	北京市海淀区紫竹院南路 17 号　　邮编：100048
网　　址：	http://www.emph.cn
电　　话：	编辑部（010）68701638　发行部（010）68701816
电子信箱：	emph001@163.com
印　　刷：	河北宝昌佳彩印刷有限公司
经　　销：	新华书店
规　　格：	710 毫米 ×1000 毫米　16 开本　10 印张　150 千字
版　　次：	2021 年 9 月第 1 版　2021 年 9 月第 1 次印刷
定　　价：	58.00 元

版权所有　翻印必究　·　印装有误　负责调换

前　言·PREFACE

　　在当前智能化背景下，人工智能、云计算和大数据等基础技术驱动的数字经济在全球范围内的发展越来越快，对人类生产、生活和生态环境产生了广泛而深刻的影响。企业一旦将经营管理活动与这些技术结合起来，一方面，可以有效地促进企业的技术创新和管理创新，培育新产品和新管理模式，提高企业的经营绩效；另一方面，通过创新的数字技术可以改造和更新传统的低效率企业，从根本上改变企业经营绩效的增长方式，从而促进企业的转型和升级，使传统企业产生质的飞跃。

　　随着智能化时代的到来，互联网显著促进了我国经济的迅猛发展，并渗透到生产、建设、技术创新、公共服务和管理创新等社会生活的各个方面。同时，互联网也带动了我国经济技术发展，是我国的战略性新兴产业。与传统公司相比，互联网公司最重要的竞争力来源不是实物资产，而是无形资产。大多数互联网企业都是技术密集型和知识密集型公司，它们主要为用户提供没有实体形式的服务和虚拟产品。它们不需要建立大规模的产品生产线，不需要大量采购生产资料，不需要建立庞大的营销网络和营销队伍进行产品推广和销售。因此，对于互联网企业而言，有形资产不再是利润增长和市场竞争力提高的主要来源，反而是研发能力、创新能力、网站浏览量、浏览时间和下载量等无形资产对于企业的经营绩效甚至生存发展更加重要。对互联网企业来说，用户是它们最重要的资源。互联网企业通过在技术和管理方面进行创新，提升用户体验，产生用户黏性，从而提高企业经营绩效。创新在互联网企业的发展中起着重要的作用，可以使其在市场竞争中占据更加主动的地位。企业创新主要包括技术创新和管理创新两个方面。现阶段，企业逐渐认识到创新对互联网企业发展的重要性，从而积极开展创新活动。然而，企业更注重技术创新而不是管理创新。技术创新确实可以给企业带来一定的效益，但是技术创新需要管理创新的辅助，才能更快、更有效地实现市场化，从而给企业带来更大的效益。

本书立足于现实和理论背景，提出如下六个研究问题：①技术创新与管理创新之间的关系如何？②技术创新与互联网企业经营绩效之间的关系如何？③管理创新与互联网企业经营绩效的关系如何？④用户体验与互联网企业经营绩效的关系如何？⑤用户体验在技术创新与互联网企业经营绩效关联中发挥何种作用？⑥用户体验在管理创新与互联网企业经营绩效关联中发挥何种作用？为了回答以上研究问题，在智能化背景下，基于技术创新、管理创新、用户体验及经营绩效的相关研究，本书构建技术创新、管理创新、用户体验与互联网企业经营绩效的关系模型，揭示智能化背景下的技术创新、管理创新对互联网企业经营绩效的影响机理。具体而言，本书通过系统梳理相关理论和已有研究，提出"智能化—创新（技术创新与管理创新）—用户体验—互联网企业经营绩效"的逻辑思路。

本书依据理论模型中变量间的关系论述并提出相关研究假设，通过向互联网企业大规模发放调查问卷，回收436份问卷，将具有明显错误或填写不完整的调查问卷视为无效问卷，并予以剔除，最终得到402份有效问卷，借助R、SPSS 24.0和AMOS 24.0等统计分析软件对收集的数据进行因子分析、典型相关性分析，并建立回归分析方程等，对本书提出的假设进行检验。本书共提出14条研究假设，且均得到了数据支持。本书结合理论分析、定性分析和定量分析等多种分析方法，得到如下研究结论：①技术创新与管理创新相互促进；②技术创新对互联网企业经营绩效具有积极影响；③管理创新对互联网企业经营绩效具有积极影响；④用户体验对互联网企业经营绩效具有积极影响；⑤用户体验在技术创新与互联网企业经营绩效关系中具有中介作用；⑥用户体验在管理创新与互联网企业经营绩效关系中具有中介作用。

综上所述，本书揭示智能化背景下的技术创新、管理创新对互联网企业经营绩效的影响机理，研究发现智能化背景下的技术创新、管理创新可以提升用户体验，进而提升互联网企业的经营绩效。

目 录 · CONTENTS

| 第 1 章 | 绪　　论 …………………………………………………… 001
　1.1　研究背景 ………………………………………………… 003
　1.2　问题陈述 ………………………………………………… 004
　1.3　研究问题 ………………………………………………… 005
　1.4　研究目标 ………………………………………………… 007
　1.5　研究意义 ………………………………………………… 008
　　1.5.1　理论意义 …………………………………………… 009
　　1.5.2　现实意义 …………………………………………… 010
　1.6　前提假设与研究局限性 ………………………………… 010
　　1.6.1　前提假设 …………………………………………… 010
　　1.6.2　研究局限性 ………………………………………… 011
　1.7　研究范围 ………………………………………………… 012
　1.8　实用性定义 ……………………………………………… 012
　　1.8.1　技术创新 …………………………………………… 012
　　1.8.2　管理创新 …………………………………………… 013
　　1.8.3　用户体验 …………………………………………… 013

1.8.4 经营绩效 ······ 014
1.9 本书的整体结构 ······ 014
结论 ······ 016

|第2章| 文献综述 ······ 017

2.1 因变量：经营绩效 ······ 017
 2.1.1 定义 ······ 017
 2.1.2 前期研究 ······ 018

2.2 自变量1：技术创新 ······ 021
 2.2.1 定义 ······ 021
 2.2.2 技术创新与因变量关系的前期研究 ······ 023

2.3 自变量2：管理创新 ······ 024
 2.3.1 定义 ······ 024
 2.3.2 管理创新与因变量关系的前期研究 ······ 026

2.4 技术创新与管理创新的关系研究 ······ 027

2.5 中介变量：用户体验 ······ 028
 2.5.1 定义 ······ 029
 2.5.2 用户体验与因变量关系的前期研究 ······ 029

2.6 管理学理论 ······ 031
 2.6.1 产业链理论 ······ 031
 2.6.2 价值链理论 ······ 032
 2.6.3 创新理论 ······ 036
 2.6.4 目标管理理论 ······ 038

2.7 假设 ······ 039
 2.7.1 假设1 ······ 039
 2.7.2 假设2 ······ 040

2.7.3　假设 3 ·· 042

　　2.7.4　假设 4 ·· 043

　　2.7.5　假设汇总 ·· 044

2.8　研究框架 ··· 045

结论 ··· 047

|第 3 章|　方　法　论 ·· 049

3.1　研究设计 ··· 050

　　3.1.1　义献研究方法 ·· 050

　　3.1.2　问卷调查法 ·· 050

　　3.1.3　实证分析法 ·· 051

3.2　分析的人数 / 样本 / 单元 ··· 052

3.3　分析量表 ··· 053

　　3.3.1　技术创新调查问卷量表设计 ·· 054

　　3.3.2　管理创新调查问卷量表设计 ·· 056

　　3.3.3　用户体验调查问卷量表设计 ·· 059

　　3.3.4　经营绩效调查问卷量表设计 ·· 060

3.4　信度与效度测试 ··· 063

　　3.4.1　信度分析 ··· 064

　　3.4.2　效度分析 ··· 066

3.5　数据采集过程 ··· 074

3.6　数据分析方法 ··· 075

　　3.6.1　描述性统计分析 ··· 075

　　3.6.2　变量信度和效度分析 ·· 076

　　3.6.3　典型相关性分析 ··· 077

　　3.6.4　因子分析 ··· 077

3.6.5 多元线性回归分析 ····· 078

3.7 道德考量 ····· 078

结论 ····· 079

|第4章| 发现与探讨 ····· 081

4.1 受访者概要 ····· 082
4.1.1 样本基本情况描述 ····· 082
4.1.2 变量描述性统计分析 ····· 084

4.2 研究目标1（R.O.1）：技术创新对互联网企业经营绩效的影响 ····· 085
4.2.1 分析 ····· 085
4.2.2 结果 ····· 087
4.2.3 探讨 ····· 087

4.3 研究目标2（R.O.2）：管理创新对互联网企业经营绩效的影响 ····· 090
4.3.1 分析 ····· 090
4.3.2 结果 ····· 091
4.3.3 探讨 ····· 092

4.4 研究目标3（R.O.3）：技术创新与管理创新之间的关系 ····· 094
4.4.1 分析 ····· 094
4.4.2 结果 ····· 096
4.4.3 探讨 ····· 096

4.5 研究目标4（R.O.4）：用户体验在技术创新与企业经营绩效之间的中介作用模型检验 ····· 098
4.5.1 分析 ····· 098
4.5.2 结果 ····· 102

4.5.3 探讨 ·· 102

4.6 研究目标5（R.O.5）：用户体验在管理创新与企业经营绩效之间的中介作用模型检验 ·································· 104

4.6.1 分析 ·· 105

4.6.2 结果 ·· 107

4.6.3 探讨 ·· 108

结论 ·· 110

|第5章| 结论与建议 ·· 111

5.1 通过目标发现及探讨所得的概论 ·································· 111

5.2 结论 ·· 112

5.3 启示 ·· 116

5.3.1 建立企业技术创新机制 ·································· 116

5.3.2 建立企业管理创新机制 ·································· 117

5.3.3 技术创新和管理创新路径的选择 ··················· 118

5.4 建议 ·· 118

5.4.1 对政府和行业组织的建议 ····························· 119

5.4.2 对智能化背景下互联网企业的建议 ··············· 119

5.4.3 对企业决策者和高级管理者的建议 ··············· 120

5.4.4 对后续研究的建议 ·· 120

参考文献 ·· 122

附录 ·· 145

第 1 章 CHAPTER 1

绪 论

目前，我国经济已经从高速发展阶段转向高质量发展阶段，人工智能与实体经济的深度融合成为大势所趋。2017年6月26日，国际管理咨询机构埃森哲在2017大连夏季达沃斯年会开幕前发布有关人工智能报告。报告称，通过转变工作方式及开拓新的价值和增长源，人工智能到2035年有望拉动中国经济年增长率提高1.6个百分点。到2035年，针对制造业、批发和零售业、农林渔业的产值，人工智能有望分别贡献2%、1.7%和1.8%的增长；劳动生产率提高27%；推动我国GDP增长7.111万亿元。在可预见的将来，通过培育和发展新一代信息技术，如人工智能、云计算和大数据等，对我国国民经济各部门的服务、生产、研发和管理等方面进行深度改造，提高替代生产力，即实现经济和社会效益的智能化发展，将振兴我国产业的发展，激活经济增长的潜力。

人工智能的核心要素是数据，数字技术发展迅速，并与社会经济各个领域紧密融合，经济形式正从工业经济时代向数字经济时代转变，新兴产业、新业务形式和新模式不断涌现，从传统产业向数字创新的转型步伐加快，数字经济已成为最具活力、增长最快和影响力最大的经济活动。未来世界强国想要获取竞争优势，抓住数字经济的发展机遇是不二的战略选择。数字经济是至今世界范围内达成高度共识的经济发展形态，是大势所趋。随着我国信息技术创新活动的日益频繁，数字经济成为数字产业化和产业数字化的重要推动力，成为我国经济发展的重要驱动力。

在数字经济环境下，基础设施、增长动力、经济形式、经营方式、分配制度和发展阶段发生了巨大变化，数字经济对许多行业产生了颠覆性影响，其发展方式和发展路径很难复制传统行业的成功经验。与产业经济环境相比，互联网企业所面临的内外部环境具有更大的不确定性和复杂性。技术创新和管理创新已成为互联网企业应对市场竞争、实现持续增长的重要战略手段。在智能化背景下，运用实证分析方法探索适用于互联网企业的创新策略和方法，解决互联网企业在数字化转型和创新中面临的问题，已成为互联网企业数字化升级过程中需要研究和解决的一个重要理论和实践问题。

本书以互联网企业为对象，针对技术和管理方面的创新对企业经营绩效的作用机理，运用因子分析、回归分析等方法进行深入研究。一是通过文献研究的方法，识别出自变量（技术创新、管理创新）、中介变量（用户体验）和因变量（经营绩效），奠定了研究的理论模型与框架，并对各变量之间的关系提出理论假设。二是利用问卷调查所获得的402份有效样本数据，运用典型相关分析、因子分析和多元回归的统计分析方法检验本书提出的理论假设。本书的实证分析结果表明，企业通过在技术方面进行创新，可以显著提高企业经营绩效。基于本书的研究结论，企业为提高经营绩效，应提高企业的技术创新能力。与技术创新的作用类似，企业在管理方面的创新也有助于提高企业经营绩效，所以企业为提升经营绩效应加强管理方面的创新。

首先，在技术创新、管理创新与企业经营绩效的关系中，用户体验发挥中介作用。因此，在实践中，互联网企业通过与科研院所、高等学校及其他互联网企业进行合作，发挥协同效应；通过引进高素质创新人才为企业提供创新动力；通过提高研发投入强度为技术创新提供资金支持，以此对企业的技术创新能力进行提升。

其次，企业要重视管理创新和技术关系的融合。企业进行管理创新的首要保障是管理团队的素质，包括管理人员的创新意识，以及企业高层管理人员的战略眼光。因此，企业应注重企业创新文化的构建；注重企业间的交流合作，分析和学习其他企业在管理创新方面的经验，并根据自身的状况，有选择性地进行吸收应用。

再次，企业还应注意管理创新与技术创新的协同发展，提升用户体验，从而促进企业经营绩效的提高。

1.1 研究背景

2015年3月，全国两会发布了"互联网+"的倡议，即利用互联网技术，将互联网与各行各业结合起来，鼓励产业创新，促进跨界融合，在新领域创造惠及民生的新生态。李克强总理在《政府工作报告》中也提到推进"互联网+"行动计划，强调了互联网产业在新时代具有的重大意义。"互联网+"概念正式形成的标志是国务院于2015年7月正式发布了积极推进"互联网+"行动的指导方针。实际上，"互联网+"代表了互联网行业在社会经济发展新形势下的创新2.0模式，是指依托互联网信息技术，充分发挥互联网优势，实现互联网与传统产业的进一步融合，促进技术进步、效率提高、组织变革，推动产业和经济转型升级，促进实体经济创新和生产力发展，有助于实现社会财富的全面增长，对创业创新进行有效推动，实现我国经济的健康且可持续发展。在传统产业与互联网技术融合的过程中，互联网行业的迅猛发展发挥了巨大的作用，创造出"互联网+"这样一种新的发展模式。在经济社会各领域，"互联网+"均发挥出了巨大的作用，并与经济社会各领域进行了深入融合，对我国经济社会发展产生了全局性和战略性的重大影响。"互联网"是"互联网+"概念的核心词汇。"互联网+"的立足点和出发点是互联网产业本身，在经济社会领域，为将互联网企业的创新成果进行应用，并与经济社会领域进行深度融合，首先要积极发展互联网产业，在现有优势的基础上，积极发挥社会资源优化配置的作用。

2016年11月16日，国家主席习近平在主题为"创新驱动 造福人类——携手共建网络空间命运共同体"的第三届世界互联网大会上指出，互联网是我们这个时代最具发展活力的领域。互联网快速发展既给人类生产生活带来深刻变化，又给人类社会带来一系列的新机遇。2017 年，我国 TOP100 互联网企业中，已上市的互联网公司占总数的 54%。2018 年 4 月，习近平总书记在全国网络安全和信息化工作会议上，系统阐述了通过互联网加强我国经济建设的重要思想，全面论述了网络信息产业在新型工业化、城镇化、农业现代化建设中的作用。2019 年，在人工智能、云计算和大数据等信息技术和资本的推动下，在各项国家政策的支持下，我国互联网企业整体取得了较快发展，上市公司市值普遍增加，网信独角兽企业发展迅速，对数字经济发展的支撑作用不断加强。

根据中国互联网络信息中心（CNNIC）发布的第 45 次《中国互联网络发展状况统计报告》，截至 2020 年 3 月，我国的互联网用户数量达 9.04 亿，较 2018 年年底增长 7508 万人，互联网普及率为 64.5%，较 2018 年年底提高 4.9%，如图 1-1 所示。麦肯锡对我国的互联网经济进行了预言，到 2025 年，互联网经济将占我国国内国民生产总值的 1/4。在互联网领域，旺盛的市场需求、网民数量的激增等，使我国具备了显著的网络大国特征。

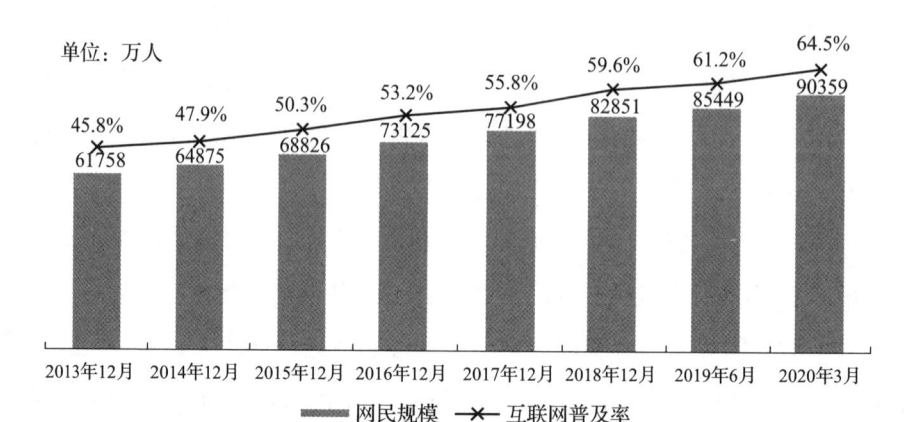

数据来源：中国互联网络发展状况统计调查。

图 1-1　2013 年 12 月—2020 年 3 月我国网民规模及互联网普及率

1.2 问题陈述

互联网企业在激烈的市场竞争中面临众多的挑战，经营绩效成为制约企业进一步发展的障碍。互联网企业对自身的科学管理和规范运作是企业发展的必要条件，科学管理的前提是对企业的经营绩效进行有效和科学的评估，认识到企业目前存在的问题和困难，对问题和困难予以解决。因此，互联网企业为了在当前激烈的创新浪潮和技术变革中生存下来，首先要制定长远的企业发展战略，并在准确评估企业经营绩效的基础上，找到提高企业经营绩效的方法和手段。

（1）技术创新与企业经营绩效的关系。

在激烈的市场竞争中，互联网企业获取竞争优势的核心要素之一无疑是技术创新，互联网行业有其特殊的性质，其特性要求互联网企业及时推出新技术和新产品，紧紧跟随市场发展，为提高用户的体验，需要不断为用户提供高科技、高质量和高价值的产品和服务。互联网企业只有通过不断创新才能在变化的环境中保持优势并获得支撑企业持续成长的利润。

（2）管理创新与企业经营绩效的关系。

相对于技术创新，管理创新在企业管理中没有得到足够的重视，阻碍企业的进一步发展。为提升企业经营绩效，企业应在两个方面进行管理创新：一是提高企业的运营效率，二是降低企业的运营成本。

（3）技术创新和管理创新的关系。

管理创新可以保障技术创新的开展，对技术创新的开发流程进行优化，显著降低技术创新的风险。因此，为应对发展中的挑战，我们需要将技术创新和管理创新同等对待，发挥二者的协同作用，提升用户体验，进而提升企业经营绩效。

（4）用户体验的中介作用。

随着智能化时代的到来，互联网企业需借助技术创新和管理创新才能在激烈竞争中站稳脚跟，创新能力成为互联网企业所依赖的竞争力之一。互联网企业技术创新和管理创新的主要目的是提高用户体验和企业经营绩效。

1.3 研究问题

基于上述背景分析和问题陈述，可知创新能力是互联网企业所依赖的竞争力之一，是影响互联网企业经营绩效的重要因素。本书将互联网企业的创新能力分为技术创新和管理创新。技术创新是指企业为生产出新产品、创造出新工艺和新方法，运用新思想、新技术的能力。管理创新是企业为实现更加有效的资源配置，运用新的管理模式和思想，使企业的技术创新成果商业化，并将其推向市场，实现技术创新的经济价值。在创新驱动战略的指导下，大部分互联网企业认识到创新对企业发展的重要性，但是与技术创新相比，它们对管理创新的关注度远远不如技术创新。

根据国内外已有的研究结果，大部分学者认为企业的技术创新会显著促进企业的经营绩效，但是也有少数学者认为技术创新并不会显著提升企业的经营绩效。通过对上述问题的阐述与分析，以及相关理论的梳理和评述，本书将基于技术创新、管理创新、用户体验及经营绩效等方面的已有研究成果，围绕技术创新、管理创新与企业经营绩效的定量关系这一基本问题展开研究，沿着"智能化—技术创新、管理创新—用户体验—经营绩效"的逻辑思路，分析几个要素之间的内在作用机理，展开一系列理论探讨和实证研究，具体解决以下问题。

第一，技术创新与互联网企业经营绩效之间存在何种关系？将技术创新分为技术创新支持、技术创新文化和技术创新产出三个维度；将企业经营绩效分为财务绩效、成长绩效和创新绩效三个维度，并量化实证分析技术创新与企业经营绩效之间的关系，验证技术创新与企业经营绩效之间的关系和作用机理。

第二，管理创新与互联网企业经营绩效之间存在何种关系？将管理创新分为资源整合创新、资源配置创新、资源重构创新和借助外部资源四个维度，量化实证分析管理创新与企业经营绩效之间的关系，并对管理创新与企业经营绩效之间的关系和作用机理进行验证。

第三，技术创新与管理创新之间的关系是怎么样的？对技术创新与管理创新之间的关系进行量化实证分析，验证技术创新与管理创新之间的协同关系。

第四，用户体验的中介作用是怎么样的？将用户体验分为感官体验、内容体验、功能体验和价值体验四个维度,并分别对其与技术创新、管理创新和经营绩效之间的关系进行量化实证分析,验证用户体验的中介作用。

1.4 研究目标

当今世界处于智能化时代,企业必须用创新的数字化思维去变革,才能提升核心竞争优势与企业经营绩效。在实践中,企业能够通过创新获取新的市场资源,发现新的市场机会和经济增长点,从而提升自己的竞争优势。本书以我国智能化比较发达地区的互联网企业作为研究对象,通过理论分析和实证分析相结合的方法,深入研究在智能化背景下互联网企业技术创新、管理创新与企业经营绩效之间的作用机理。基于本书的研究问题,本书的研究目标共有如下四个。

第一,梳理出技术创新、管理创新与企业经营绩效之间的关系。本书从技术创新支持、技术创新文化和技术创新产出三个角度分析自变量技术创新,从资源整合创新、资源配置创新、资源重构创新和借助外部资源四个角度分析自变量管理创新,从财务绩效、成长绩效和创新绩效三个角度分析因变量企业经营绩效。一方面,本书通过分析技术创新与互联网企业财务绩效的关系、技术创新与互联网企业成长绩效的关系、技术创新与互联网企业创新绩效的关系,梳理出技术创新与企业经营绩效之间的关系。另一方面,本书通过分析管理创新与互联网企业财务绩效的关系、管理创新与互联网企业成长绩效的关系、管理创新与互联网企业创新绩效的关系,梳理出管理创新与企业经营绩效之间的关系。

第二,梳理出技术创新、管理创新与用户体验之间的关系。本书从感官体验、内容体验、功能体验和价值体验四个角度分析中介变量用户体验。一方面,本书通过分析技术创新与感官体验的关系、技术创新与内容体验的关系、技术创新与功能体验的关系、技术创新与价值体验的关系,梳理出技术创新与用户体验之间的关系。另一方面,本书通过分析管理创新与感官体验的关系、管理创新与内容体验的关系、管理创新与功能体验的关系、管理创新与价值体验的关系，梳理出管理创新与用户体验之间的关系。

第三，探索以用户体验为中介变量，技术创新对企业经营绩效的作用机理。本书以用户体验为中介变量，分析技术创新支持与互联网企业财务绩效的关系、技术创新支持与互联网企业成长绩效的关系、技术创新支持与互联网企业创新绩效的关系、技术创新文化与互联网企业财务绩效的关系、技术创新文化与互联网企业成长绩效的关系、技术创新文化与互联网企业创新绩效的关系、技术创新产出与互联网企业财务绩效的关系、技术创新产出与互联网企业成长绩效的关系、技术创新产出与互联网企业创新绩效的关系。通过以上的分析思路，本书探索出在用户体验的中介作用下，技术创新对企业经营绩效的作用机理。

第四，探索以用户体验为中介变量，管理创新对企业经营绩效的作用机理。本书以用户体验为中介变量，分析资源整合创新与互联网企业财务绩效的关系、资源整合创新与互联网企业成长绩效的关系、资源整合创新与互联网企业创新绩效的关系、资源配置创新与互联网企业财务绩效的关系、资源配置创新与互联网企业成长绩效的关系、资源配置创新与互联网企业创新绩效的关系、资源重构创新与互联网企业财务绩效的关系、资源重构创新与互联网企业成长绩效的关系、资源重构创新与互联网企业创新绩效的关系、借助外部资源与互联网企业财务绩效的关系、借助外部资源与互联网企业成长绩效的关系、借助外部资源与互联网企业创新绩效的关系。通过以上的分析思路，本书探索出在用户体验的中介作用下，管理创新对企业经营绩效的作用机理。

1.5 研究意义

长期以来，创新对企业经营绩效的影响均为研究热点，被理论界和业界所关注，但还没有形成比较完整的理论解释与实施建议。本书以智能化背景下互联网企业技术创新、管理创新与企业经营绩效的关系为切入点，通过梳理经典理论、相关文献，探寻解决问题的基本思路，构建智能化背景下技术创新、管理创新、用户体验及互联网企业经营绩效间关系的理论模型并提出研究假设，采用问卷调查和实证分析的方法对假设进行检验，探讨智能化背景下创新对互联网企业经营绩效的影响机理，具有重要的理论意义和现实意义。

1.5.1 理论意义

本书的理论框架分为两个部分：①从技术的视角出发，揭示智能化背景下技术创新、用户体验与互联网企业经营绩效之间的关系；②从管理的视角剖析管理创新、用户体验与互联网企业经营绩效之间的关系。从理论意义上来说，本书拓展了智能化背景下互联网企业技术创新、管理创新及其对企业经营绩效的作用机制，为改善互联网企业经营绩效提供理论依据与参考。本书的理论意义具体体现在以下几个方面。

第一，在理论分析和案例研究的基础上，开发智能化背景下的技术创新、管理创新、用户体验和经营绩效的测量量表，构建智能化背景下技术创新、管理创新与互联网企业经营绩效的关系模型并验证相关研究假设。

第二，有助于完善智能化背景下互联网企业技术创新和管理创新的理论研究。在对国内外相关文献进行研究比较的过程中，本书对现有创新理论进行归纳和总结，并在此基础上探讨了智能化背景下技术创新、管理创新对企业经营绩效的作用机理和传导机制，完善了相关的理论。

第三，智能化背景下的技术创新和管理创新提升用户体验，进而提高互联网企业经营绩效。智能化背景下，在技术创新和管理创新的共同作用下，用户体验成为增加互联网企业经营绩效的主要方式。

第四，本书在数字经济理论及创新和用户体验等相关研究的基础上，构建技术创新、理论创新、用户体验与互联网企业经营绩效间的关系模型，结合理论分析和理论模型提出研究假设，并通过问卷调查和实证分析，验证相关研究假设，以揭示创新对互联网企业经营绩效的影响机理，分析用户体验的中介作用。

第五，现有研究中，关于技术创新、管理创新对企业经营绩效的共同影响及二者的影响差异的实证研究较少，本书将对此进行研究，丰富技术创新、管理创新对经营绩效影响的理论，为深入探讨技术创新与管理创新的协同作用，提高企业经营绩效奠定理论基础。

1.5.2 现实意义

本书的结论能够指导互联网企业定向地培养相关能力、获取必要资源、识别特定情境，从而实现必要的技术创新和管理创新，促使企业在智能化背景下取得领先竞争优势并提升经营绩效，从而解决互联网企业的平稳运营和可持续发展的现实问题，对互联网企业的创业者及相关企业或非企业性质机构均有重要的实践指导意义。本书的实践意义主要体现在如下两个方面：

一是希望互联网企业重视企业技术创新和管理创新，以技术创新和管理创新作为企业发展的核心驱动力，推进企业技术创新和管理创新活动的开展和实施，从而提升用户体验和经营绩效，进而实现互联网企业的可持续发展，使企业在激烈的竞争中脱颖而出。

二是智能化的发展过程及企业的技术创新和管理创新必然伴随诸多问题与挑战，本书期望通过研究，能够为应对智能化各类的技术创新和管理创新行为提供科学的测度参考，为政府部门及行业管理机构制定政策提供参考依据。

1.6 前提假设与研究局限性

本小节主要对文章的前提假设和研究局限性进行阐述，介绍本书主要在调查研究、理论分析和变量选取三方面存在的不足。在一定程度上，为后续进行更加全面的研究指明方向。

1.6.1 前提假设

首先，互联网企业为提高企业经营绩效、增强市场竞争力，需要通过技术创新提高产品差异化来提升用户体验,提高用户黏性。其次,管理创新是指企业在以市场为导向、以营利为目标的过程中,对人员、组织和资源等要素进行有效重构和配置,其目的为提高企业的执行效率,降低企业运营成本,提升企业经营绩效。最后,在竞争激烈的互联网行业中,产品能否成功,很大程度上取决于有多少用户会选择使用及是否持续使用,而产品的功能和体验是否够好决定了用户对产品的选择。由于产品更新迭代速度快,用户的需求也不断变化,竞争产品层出不穷,用户体验变得尤为重要,抓住用户就抓住了市场。因此,用户体验在技术创新、管理创新与经营绩效间起一定的中介作用。

综上所述,本书基于产业链理论、价值链理论、创新理论和目标管理理论等理论,构思智能化—创新—用户体验—企业经营绩效的路径,构建自变量技术创新和管理创新—中介变量用户体验—因变量企业经营绩效的研究模型。

1.6.2 研究局限性

在智能化时代,互联网企业如何通过技术创新和管理创新提升企业经营绩效,是企业管理者必须考虑的关键问题。本书对技术创新、管理创新与互联网企业经营绩效关系的理论与实证研究,为企业通过技术创新和管理创新提升企业经营绩效提供了研究支持。但是,本书的研究成果毕竟有限,无法覆盖所有的相关理论及实践,在未来的研究中还需要更多更加深入、系统的研究。本书在以下三个方面存在一定的局限性。

第一,本书收集的有效问卷主要来自广东省、北京市、浙江省等地区的互联网企业,没有覆盖中国的34个省级行政区域,导致样本不可避免地具有地域性特征,研究结论有待于通过更大范围的样本加以检验。

第二,不同的企业可以获得的资源和面对的挑战是不一样的,本书未根据互联网企业的规模,将其分为大企业与小企业、成熟企业和初创企业等维度。

第三,本书研究变量选取的局限性。在创新影响企业经营绩效的研究中,本书采用技术创新、管理创新两个因素作为自变量，事实上还可能存在其他的驱动因素，这会影响模型的拟合度和研究结论的准确性。此外，创新还会受到国家政治经济政策、国际环境等很多因素的调节和影响。针对本课题，在未来将进行更为深入、全面且细致的研究。

1.7 研究范围

本书以我国智能化较发达地区的互联网企业为研究对象，以智能化背景下互联网企业创新作为切入点，通过调查问卷的方式获取样本数据并进行统计分析。通过技术创新、管理创新两个因子促进用户体验并探究其对互联网企业经营绩效的影响。基于此，本书在互联网企业创新的研究中将研究范围控制在以下方面：针对创新与经营绩效的关系，总结和回顾国内外的相关文献，通过分类整理、了解现有研究结论和研究不足与研究建议，结合智能化的特点，明确互联网企业的技术创新和管理创新，基于协同效应的理念检验创新与企业经营绩效之间的关系效应，同时检验用户体验在技术创新、管理创新与企业经营绩效之间的中介作用。

1.8 实用性定义

本书具体研究的是智能化背景下互联网企业创新对企业经营绩效的影响及其在发展过程中所存在的问题和动因，以使我国互联网企业更好地发展，实现社会综合利益最大化，主要涉及的概念有技术创新、管理创新、用户体验与经营绩效。

1.8.1 技术创新

技术创新主要指企业在生产技术上的创新，包括将现有的技术在应用上进行创新，或者开发新的技术、模式。技术、科学和产业之间存在密不可分的关系，在发现科学理论的基础之上产生技术创新，而在技术创新基础之上建立产业创新。其中，技术的源泉是科学，而产业的源泉是技术。企业在市场交易活动中是通过技术获取利润进而提升企业经营绩效的。很多企业往往不重视技术的创新，为提升企业经营绩效，只能大规模生产产品，降低产品的成本。因为企业间生产的产品品质相同、功能类似，但是规模越大边际成本越低，因此企业只能采取大规模生产的方式，但最终提升企业经营绩效的程度有限。一些企业为了提高企业的竞争力，只能采取打价格战的方式，即只能单独向用户提供质量不高但价格低廉的同质化产品。但是随着用户对体验的重视、对满意度需求的提升，这种打价格战的模式已经不能提高企业的竞争力了。因此，企业要想提高经营绩效，需要利用技术创新提高产品差异化，提高产品的质量。宫元娟（2002）结合我国企业技术创新过程的实际情况，将技术创新过程分为创意思想和研发思想等六个阶段。

1.8.2 管理创新

为了应对企业内外部环境的不断变化，企业根据其所处的外部环境，对其管理模式、方法、理念进行优化及改进，从而提高企业的执行效率和资源的利用效率、企业的经营绩效，最后实现企业经营管理目标的过程即为管理创新。管理创新的内容主要基于三个视角：一是具体管理方法上的创新；二是管理制度上的创新；三是管理思想理论上的创新。三个方面从低到高，相互联系、相互作用。

1.8.3 用户体验

用户在使用产品过程中建立起来的一种主观方面的感受即用户体验。随着互联网技术的发展和计算机性能的提高，技术创新形态正在发生改变，企业越来越重视以人为本、以用户为中心，因此创新2.0模式的核心为用户体验。在我国面向知识社会的创新2.0——应用创新园区模式探索中，更将用户体验作为"三验"（指体验、试验、检验）创新机制之首。ISO 9241-210标准将用户体验定义为"人们对于针对使用或期望使用的产品、系统或者服务的认知印象和回应"。通俗来讲，就是"这个东西好不好用，用起来方不方便"。

因此，用户的体验是一种主观感受，其注重实际应用时产生的效果。针对用户体验的定义，ISO 定义的补充说明有着详细阐述：用户在对一个系统或产品使用之前、使用期间和使用之后的行为和成就、情感、生理和心理反应、信仰、认知印象、喜好等各个方面的全部感受即为用户体验。ISO 定义认为系统、使用环境和用户是影响用户体验的重要因素。

1.8.4 经营绩效

国内外的专家学者通常将英语单词"perform"翻译为"绩效"。在实践中，根据绩效依附主体的不同，可以将绩效分为个人绩效和企业绩效。本书主要研究企业绩效，但在学术界和业界，企业绩效的评价和精准定义缺乏统一的标准，企业绩效主要归属于企业管理范畴。国内外大部分学者将企业绩效定义为：在一定经营期间内产生的企业经营效益和经营者业绩。企业的后续发展能力、资产运营水平、盈利能力和偿债能力等方面为企业经营效益水平的具体体现。在经营企业的过程中，企业经营者对企业经营、成长和发展所做出的贡献和取得的成果能体现经营者业绩。绩效通常用来衡量企业达成目标的能力，它是企业经营的结果。近几年，基于平衡计分卡和 EVA 等评价方法，企业绩效的内涵和外延日益丰富。

1.9 本书的整体结构

本书利用理论分析和实证研究相结合的方法探索智能化背景下互联网企业技术创新对经营绩效的影响，设计的整体结构如图 1-2 所示，分为以下五部分。

第 1 章为绪论。主要介绍了选题背景和研究问题、研究目的、研究意义及研究的局限性，给出了研究的范围，并对相关变量进行解释，最后对本书的研究进行整体框架规划。

第 2 章为文献综述。在分别归纳了智能化、技术创新、管理创新、用户体验及经营绩效等相关定义之后，总结了当前国内外学者对技术创新、管理创新、用户体验、企业经营绩效之间作用机理的研究结论，最后给出研究假设和研究框架。

第1章　绪　论
研究背景、问题、目标、意义等

第2章　文献综述
因变量、自变量等
假设与研究框架

第3章　方　法　论
研究设计、分析量表、数据采集与分析
信度、效度、测量分析

第4章　发现与探讨
研究对象、理论模型
实证检验

技术创新　　管理创新　　用户体验　　经营绩效

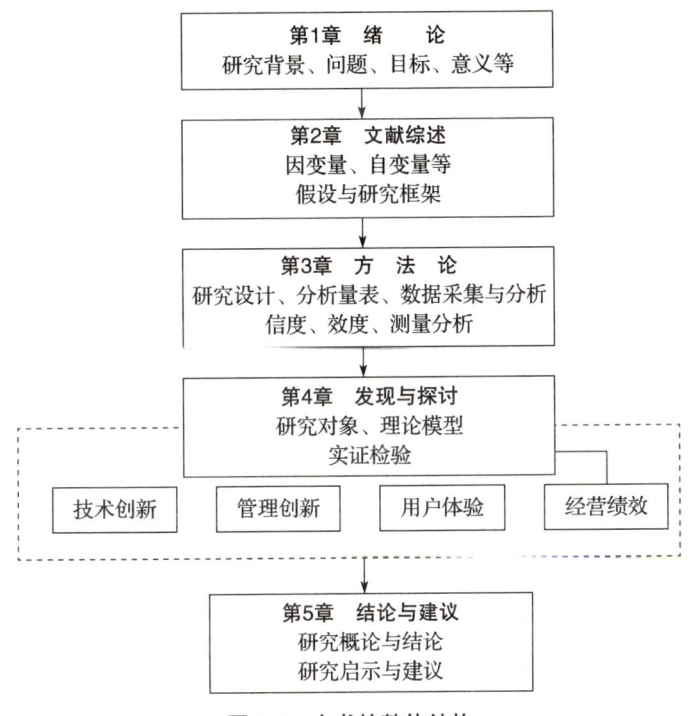

第5章　结论与建议
研究概论与结论
研究启示与建议

图 1-2　本书的整体结构

第 3 章为方法论。首先，开展研究设计，研究方法主要包括文献研究方法、调查研究分析和定量实证分析法；其次，开展调查量表的设计、数据采集与分析，并开展信度、效度测试；最后，开展道德考量分析。

第 4 章为发现与探讨。在智能化背景下，对互联网企业的技术创新和经营绩效的影响进行实证研究。首先，分析受访者。其次，通过 SPSS 24.0 和 AMOS 24.0 统计分析工具对各研究目标进行假设验证。最后，对实证结果开展研讨与分析。

第 5 章为结论与建议。本章对全书的研究论证过程进行概括总结，并在此基础上给出智能化背景下互联网企业通过技术创新、管理创新提升企业经营绩效的对策建议，最后指出本书的创新和不足，为后续进行更深入细致的研究指明了方向。

结论

　　本章是全书的起点,主要介绍了研究的背景、问题、目标和意义,并对本书的前提假设、研究局限性和研究范围进行概括总结。此外,还就本书的实用性定义进行了相应的阐述。第一,本章从现实背景和理论背景两个维度出发分析研究的背景,得出的结论是数字经济作为主要的经济形态,已成为全球经济发展中的重要驱动力,并且对众多产业造成了颠覆性影响。第二,分析当前智能化背景下互联网企业技术创新和管理创新对经营绩效的影响需研究的问题,并给出了研究的目标与意义,通过对技术创新、管理创新和互联网企业经营绩效之间关系的作用机理做深入的研究,为互联网企业的数字化升级转型提供必要的理论支撑与实践建议。第三,阐明了研究的前提假设、局限性与研究范围。第四,明确给出智能化和研究的自变量技术创新、管理创新,中介变量用户体验,因变量互联网企业经营绩效等变量的实用性定义。最后,对本书的结构框架进行了阐述。

第2章 CHAPTER2

文献综述

在明晰本书的研究背景和意义、研究问题及研究框架的基础上，本章主要介绍研究相关的文献综述和管理学相关理论。首先，对产业链理论、价值链理论、创新理论及目标管理理论进行系统阐述。其次，对研究内容中涉及的关键构念，如技术创新、管理创新、用户体验及经营绩效等相关研究进行系统梳理。最后，基于以上的理论基础，提出本书的假设，构建本书的理论模型和研究框架，为后文实证分析埋下伏笔。

2.1 因变量：经营绩效

如何提高企业的经营绩效水平一直是战略管理研究的核心问题。在当今动态、复杂和难以预测的全球化经济中，取得良好的企业经营绩效已逐渐成为企业提高竞争能力和整体绩效的关键。正因如此，企业经营绩效成为目前管理研究的前沿热点。其中，探寻提高企业经营绩效的途径和模式，分析企业经营绩效的影响要素是现有研究关注的焦点（黄攸立、陈如琳，2010）。

2.1.1 定义

企业经营绩效是一个复杂而广泛的概念。长期以来，创新的内涵越来越丰富，但尚未在统一的框架内对经营绩效进行定义。已有研究成果大多认为业务绩效是通过多指标、多维度反映的构念，并将经营绩效作为实现业务管理活动的目标。Campbell 等（1977）认为，只能在理论层面定义企业经营绩效，无法给其赋予一个实践层面的定义。Ruekert、Walker 和 Roering（1985）认为，企业经营绩效包括企业的效能、效率和适应性三部分。国外学者对经营绩效定义的观点主要分为三类：①绩效不是结果，而是行为；②绩效是结果；③绩效是行为和结果的结合。国内部分学者对经营绩效的概念进行了相关论述，如表 2-1 所示。

表 2-1　经营绩效的概念

年份	学者	相关论述
2010	袁平	经营绩效主要包括财务绩效和成长绩效。企业的成效或业绩即为企业经营绩效，经营绩效可以用来衡量企业战略目标的达成程度，反映企业在一定时期内取得的效能和经营效率
2017	刘刚	企业经营过程中在财务价值、运营效率、战略实现程度和客户价值四个方面取得的效果即为企业经营绩效
2019	陈雅文	在业务活动过程中获得的销售利润的经济结果即为企业经营绩效
2020	王睿	运用 AHP 法（多方案决策方法），构建独角兽企业经营绩效评价指标：盈利能力、风险管理能力和财政能力等

2.1.2　前期研究

（1）企业经营绩效的测度。

企业经营绩效的测度方法大概分为目标法、系统法和多元顾客法，三种方法各有自己的不足和局限性，但相互之间可以进行弥补。Steers 等（1975）认为，目标法是参考一般和多重的绩效评价方法，系统法可以弥补目标法的不足。Gregory 等（1996）认为，相对于其他两种测度方法，目标法具有相对客观的特点，但是由于目标之间具有多元性及不可协调性，导致目标法在实际应用中具有局限性。与目标法和系统法相比，在测度企业经营绩效时，多元顾客法可以兼顾不同利益的相关者，因此多元顾客法的应用越来越广泛。姜铸、李宁（2015）将企业经营绩效状况用平衡计分卡来衡量，并将企业经营绩效分为四个维度测度：内部营运、成长绩效、财务绩效和顾客绩效。江积海、沈艳（2016）将企业经营绩效测度指标定义为：销售净利率、总资产收益率、销售毛利率和资产收益率。

（2）企业经营绩效的评价指标。

国内外专家学者将企业经营绩效的评价指标分为主观指标和客观指标、绝对指标和相对指标、单维指标和多维指标、财务指标和非财务指标，并认为企业经营绩效指标主要是用来测度企业的绩效。具体来看，财务指标又可以细分为基于市场的财务指标和基于会计的财务指标。Chakravarthy 等（1986）和 Venkatraman 等（1986）认为，会计指标和财务指标既有区别，也有联系。与财务指标相比，会计指标无法很好地反映企业真实经营状况，为真实有效地衡量企业的经营绩效只能使用财务指标，而且财务指标不受各种因素的影响，如核算方法、非现金交易及折旧等因素。肖挺（2018）研究发现制造业服务化与销售收入、利润率的关系不是简单的线性关系，不易测度，其与技术型员工比重的关系呈正相关关系；并将企业经营绩效指标定义为人员结构、利润率和产品销售额等维度。经营绩效评价指标的分类如表 2-2 所示。

表 2-2　经营绩效评价指标的分类

分类依据	具体分类	分类内容
根据指标的性质	财务指标	投资回报率、净利润和销售增长率等
	非财务指标	企业效率、规模、成长性
根据指标数据的来源	主观指标	企业的财务指标
	客观指标	通过调查问卷获得的数据
根据指标的维度	单维指标	指标的维度只有一个
	多维指标	指标的维度有两个或两个以上
根据指标是否可以比较	绝对指标	针对行业差异对经营绩效的影响，绝对指标无法排除
	相对指标	相对指标可以排除行业差异对经营绩效的影响

企业绩效是一个多维度的指标，用来衡量企业经营管理活动效果的复杂构念。针对表 2-2 列出的经营绩效的分类方法，最常用的分类方法为财务绩

效和非财务绩效。投资回报率、资产回报率、营业额增长率、销售增长率和企业盈利率等指标为企业最常用的财务绩效衡量指标，借以对企业过去的经营成果进行解释；非财务指标主要用来综合评估企业的竞争优势和企业长期的成长性，企业社会责任、员工满意度、产品创新、声誉、品牌知名度和顾客满意度等均为非财务指标。

（3）经营绩效的影响因素。

在 2005 年，Khanna 基于制度环境的视角，研究企业经营绩效的影响因素，根据跨国企业在发展中国家和发达国家的不同表现，得出国家的制度体系对企业经营绩效具有重要影响的结论。在 2008 年，Chan 研究发现制度发展指数与跨国企业的经营绩效之间的关系呈倒 U 形，其中制度发展指数由国家的经济、政治和社会制度发展水平来衡量。还有部分国内学者对企业经营绩效的影响因素的相关研究，如表 2-3 所示。

表 2-3　企业经营绩效的相关研究

年份	学者	相关论述
2013	黄灿	基于政治的视角，研究政企关联对民营上市公司经营绩效的影响，发现当民营上市公司获得足够的政治身份，其经营绩效显著提升
2014	王倩	基于中国和美国的市场体制、制度环境的视角，分析社会责任与企业经营绩效的关系，发现市场化程度对社会责任与企业经营绩效的关系起着重要的影响作用，因此美国企业的社会责任与企业经营绩效的关系更为密切
2015	郝潇	发现我国医药业上市公司经营绩效的影响因素为企业内部制度的控制，其对企业经营绩效起正向影响作用
2019	李稳稳	各种制度环境为企业经营绩效的重要影响因素，其影响路径为制度环境对企业的经营行为产生重大的影响，导致不同企业的社会责任行为存在显著差异。企业社会责任对企业声誉有重要影响，可以改善利益相关者的关系，提高企业经营绩效
2020	邹建辉、陈德智	将企业经营绩效分为财务绩效和创新绩效，企业经营绩效的正向影响因素为动态能力，且动态能力对创新绩效和财务绩效产生不同程度的影响，相对于财务绩效，动态能力对创新绩效会产生更大的影响

2.2 自变量1：技术创新

Solow（1957）在熊彼特创新理论的基础上，研究技术创新的产生和发展，认为首先要创造适合新思想实现的现实条件，在现实条件的基础上产生了新思想，在新思想的基础上产生了技术创新。John等（1962）认为，技术创新即企业为提升企业经营绩效而进行的一系列改革的集合，其过程分为研发的制订、计划的制订、资本和研发人员的投入等环节。Myers等（1969）认为，与其他创新过程相比，技术创新对经营绩效的影响更大，并给出了技术创新的定义：企业技术变革活动的集合。

2.2.1 定义

技术创新是指企业在新思路和新思想的指导下，创造新工艺、研发新产品，与其他企业相比，该企业的产品成本更低、产品质量更高，提供的服务更好，从而使其在激烈的市场竞争中获得优势。技术创新主要指开发新技术，或者将已有的技术进行应用创新，即生产技术方面的创新。技术创新全面的定义由Freedman在前人研究成果的基础上给出。他认为，技术创新即企业在新过程与新系统进行融合的基础上，将新服务、新技术和新产品首次进行商业化运作。1982年，Freedman首次基于经济层面的视角，界定技术创新的内涵，技术创新即企业将新产品、新服务、新技术或新工艺市场化，从而实现商业化的过程。

国外学者对技术创新进行界定是基于过程的角度，即技术创新始于新想法、新思路的形成，通过反复解决思路向实践转化中出现的各种问题，最终使有一定价值的新项目得以成功推广实施。还有部分国内外学者对技术创新理论的定义进行了深入的研究，如表2-4所示。

表 2-4　技术创新的相关研究

年份	学者	相关论述
1993	柳卸林	创意的产生、研发设计新产品和新工艺、产品生产，以及产品推向市场实现商业化，从创意的产生一直到产品市场化的过程即为技术创新
1998	傅家骥	技术创新是从研发到创新成果商业化的过程。在这个过程中，企业以技术、营销和管理等手段整合资源，向市场迅速推出新产品、新技术和新工艺，从而在激烈的市场竞争中占据有利地位
2000	许庆瑞	企业首先产生新的思想，从思想到产品或工艺研发设计的生产，将该产品推向市场，实现商品化，企业获得经济收益的整个过程即为技术创新
2001	Atuahene 等	技术创新是指企业向社会提供具有差异化的产品和服务，即该产品和服务给用户带来不同的体验，如周到的服务、产品的外观设计独具美感、产品的质量优异和产品的性能丰富等
2012	Shu 等	企业向市场引入与已有产品不同的产品即为技术创新
2014	段姗	区域企业技术创新综合指数主要由创新的投入、组织及产出三个方面构成，并利用区域企业技术创新综合指数度量企业技术创新能力
2020	万志芳、马晓琳	技术创新管理能力、创新倾向、生产制造能力、资源投入能力、市场营销能力和研究开发能力等构成了技术创新能力

国内外相关学者根据已有的研究，按照创新的广度和深度，将技术创新分为狭义和广义两类：基于广义的视角，认为技术创新不仅包括技术创新成果应用及市场化的过程，还包括新产品和新工艺的研发；基于狭义的视角，认为技术创新仅为新产品和新工艺的研发，即将新思想、新的生产条件组合及新生产要素引入生产体系中。本书的技术创新将采用狭义的技术创新概念，认为技术创新是互联网企业运用新思想、新技术及新思路生产出新产品，制造新工艺，提高用户体验，从而提升互联网企业的经营绩效。

2.2.2 技术创新与因变量关系的前期研究

很多企业对技术创新并不重视，主要通过大规模生产低成本的产品，利用规模效应来获取利润，在激烈的市场竞争中获得竞争力。由于其生产的产品技术含量低，性能相同，且规模越大边际成本越薄，最终很难提高企业的经营绩效。随着用户对感官体验、内容体验、功能体验和价值体验的重视，企业向用户提供性能雷同、质量低下且价格低廉的产品，仅仅利用价格的优势来维持企业竞争力的方式已经过时了。因此互联网企业为提高企业经营绩效、增强市场竞争力，需要通过技术创新提高产品差异化来提升用户体验，提高用户黏性。技术创新是增强企业经营绩效和竞争能力，使企业实现发展与进步的重要途径，技术创新水平对于一个企业的发展是非常必要的。

在技术创新理论被提出后，技术创新与经营绩效的关系开始为国内外学者所重视，他们在不同的背景下从不同的角度对技术创新的效果进行了研究。Romer（1986）以 1957—1977 年美国约 1000 家大型制造业企业作为样本，利用柯布—道格拉斯生产函数，研究技术研发投入和企业经营绩效的关系，发现企业技术研发投入对经营绩效起正向的影响作用。Geroski 等（1993）将1972—1983 年英国 721 个制造业企业分为进行产品创新和没有进行产品创新两种类型，研究技术创新与企业经营绩效的关系，发现进行产品创新的企业的经营绩效要高于没有进行创新的企业。侯曙光（2000）利用案例分析法，发现技术创新对企业经营绩效起重要的正向影响作用。杨娟（2014）以创业板上市公司为研究对象，发现研发密度正向影响经营绩效，技术人员比率对经营绩效无显著影响，资本支出与经营绩效负相关，专利与企业绩效呈正相关关系。燕洪国、邢丹萍（2017）将企业经营绩效分为财务绩效和市场绩效两个维度，并对企业技术创新程度进行测度，利用 2006—2015 年我国制造业上市公司数据，对技术创新和经营绩效的关系进行研究，发现技术创新对财务绩效和市场绩效均有显著的正向影响作用，尤其在市场绩效维度上，技术创新对技术密集型制造企业绩效的促进作用更为显著。颉茂华等（2019）认为，农业企业内部创新投入和地方政府农业创新投入为农业创新投入的两个构成指标，且对这两个指标与经营绩效的关系进行了实证分析，发现第一个指标对企业经营绩效的影响并不显著，第二个指标对企业经营绩效的影响起显著的正向作用。林敏、张田田（2019）研究发现，技术创新对技术绩效的三个指标产生正向影响，且在统计意义上显著。田云玲等（2020）发现技术创新对经营绩效的影响比较复杂，并非呈现简单的线性影响关系，企业当期的研发投入与企业当期经营绩效呈现负相关关系，即当期的研发投入越高，则当期的经营绩效越差；而企业前一期的研发投入与企业当期的绩效呈现正相关关系，即前一期的研发投入越高，则企业当期的绩效也越高，但是在统计意义上不显著。杜连雄、张剑（2020）研究发现，技术创新对企业的经济绩效和环境绩效产生正向的影响作用。

2.3 自变量 2：管理创新

20 世纪 80 至 90 年代，日本企业通过全面质量管理、精益生产等管理创新实践打败了拥有显著技术优势的美国企业，推动日本成为第一个通过管理创新实现工业强国的典范后，管理创新才日益得到业界和学术界的关注。近十年来，研究者围绕管理创新的驱动因素（Mol & Birkinshaw, 2009；Vaccaro 等, 2012；Hecker & Ganter, 2013；Mol & Birkinshaw, 2014；Lin 等, 2016）、过程机制（Wright 等, 2012；Lin & Su, 2014；Scarbrough 等, 2015；Xue & Zhang, 2018）、影响效果（Hollen 等, 2013；Camison & Villar-Lopez, 2014；Walker 等, 2015）等方向进行了大量研究。

2.3.1 定义

管理创新是指企业为实现组织目标的创新活动，将新的管理模式、手段或方法等管理要素（或要素组合）引入企业管理系统。李克强总理在第十二届全国人大三次会议上提出"互联网+"这一概念，其核心是要求企业内所有的组织结构均需围绕着用户来设计，颠覆了传统企业以"自我"为主的管理体制。可知"互联网＋"的概念其实就是管理创新的一种类型。"互联网＋"对企业的研发、设计、制造和营销服务的转型和创新具有重要影响,对企业的转型升级也具有重要的影响。它的作用是改变企业技术、思维、模式等各个方面,可以大大提高企业的竞争力和经营绩效。还有部分国内外学者对管理创新的定义进行了深入的研究,如表 2-5 所示。

表 2-5 管理创新的相关研究

年份	学者	相关论述
1990	Benghozi	管理创新与技术创新是两个独立的概念,单独研究管理创新与经营绩效的关系,发现管理创新对企业的经营管理效率起显著的正向影响作用,从而对企业经营绩效也起着正向的影响作用
1994	Ray Stata	首次给出管理创新的正式定义,并以日本企业为例,研究管理创新与企业经营绩效的关系,发现日本企业对管理创新的重视是其成功的主要原因
1994	常修泽	企业在运营过程中所有权与经营权的分离是一种典型的管理创新,并给出管理创新的定义:企业为提高经营管理效率而降低交易费用,应用新的管理方式对企业进行管理
1998	芮明杰	管理思想、管理方式、管理制度及组织结构四个维度的创新构成了管理创新;企业在经营过程中为提高经营管理效率而运用新的资源整合模式即为管理创新
2003	王建民	将创新分为技术创新和管理创新,并给出管理创新的定义:为提高企业经营管理效率,企业调整组织结构和转变经营管理理念,以此应对企业内外部的环境变化
2010	苏敬勤、林海芬	企业为提高其资源利用效率、企业组织效率及绩效,根据企业所处具体环境,创新或引进相应的管理理念或管理实践、管理技能、管理过程及管理结构并加以整合和实施即为管理创新
2011	王晓辉、林琳	管理创新是企业在经营管理过程中,为实现企业经营管理的目标,通过对各项职能活动的创新,从而更好地整合和运用各项资源
2013	Ersun	创新对于提高企业的竞争力越来越重要。企业需要不断设计其管理和营销策略,以保持和提高自己的竞争地位。创新以创造价值为目标,而不是重新发明

续表

年份	学者	相关论述
2014	Camison 等	研究了管理创新与技术创新能力之间的关系，并基于资源的观点分析了管理创新、技术创新对企业经营绩效的影响。运用144家西班牙工业公司的调查数据，采用偏最小二乘模型对结构方程组进行实证分析，发现管理创新有利于技术创新能力的发展，并且管理创新可以显著提高企业的经营绩效
2015	荆树伟、牛占文	分别从技术和管理两个方面研究创新，认为技术创新为新产品、新技术等"硬件"方面的内容；管理创新为新经营管理模式、新组织结构、新市场、新过程等方面的"软件"方面的内容
2017	Birkinshaw 等	将管理创新定义为对最新技术水平的管理实践、过程、结构或技术的发明和实施，旨在实现组织目标。采用组织内部演化的观点，研究了组织内部和外部关键变更代理在驱动和塑造动机、发明、实施及理论化和标签化等过程中的作用

经过对已有管理创新相关文献的研究分析，本书认为管理创新是指企业根据其所处的具体环境，对其管理理念、方法及模式加以创新和优化，从而提高资源利用效率、提升经营绩效、实现企业经营管理目标的过程。

2.3.2 管理创新与因变量关系的前期研究

关于管理创新的研究主要集中在两个方面：一方面，在组织内管理创新如何得到顺利实施（Boscari 等，2016；Fabić 等，2016；Lin 等，2017），另一方面是管理创新与企业经营绩效的关系。对前一个问题，现有研究主要通过理论分析或案例研究的方式进行探讨；对后一个问题，无论是理论分析还是实证分析，研究结论并不统一，存在分歧。

在理论分析方面，有些学者将管理创新[如全面质量管理（TQM）]理解为可能具有一定功效的话语知识。通过以经理或雇员的身份参与知识实践，它可以将个人转变为可以确保其自身含义和身份某种意义的主题（Knights & McCabe，2002）；或将管理创新仅仅当作驱动的过程，对企业经营绩效的促进作用非常有限，甚至不起作用（Staw & Epstein，2000）。也有一些学者认为管理创新对企业经营绩效起正向影响作用（Khosravi 等，2019）。在实证分析方面，大部分学者认为管理创新对企业经营绩效起正向影响作用（Camison 等，2014；Nieves & Julia，2016；Magnier-Watanabe & Benton，2017；Khosravi 等，2019），二者之间呈倒 U 形关系（Naveh 等，2006）和二者之间无显著相关关系（Walker 等，2011）的结论均有文献支持。

在管理创新理论被提出后，管理创新与经营绩效的关系开始为国内外学者所重视，他们在不同的背景下从不同的角度对管理创新的效果进行了研究。谢洪明（2005），刘爱玲（2015），陈武（2015），刘立波、沈玉志（2015），曹惇文（2015），李武威（2015），刘震、赵妍丹（2018）和李康等（2020）认为管理创新显著正向影响经营绩效。杨伟等（2010）发现管理创新与新创企业的绩效正相关，与成熟企业的绩效之间具有倒 U 形关系；张振刚等（2018）认为，管理创新的实施对成长绩效具有显著的倒 U 形影响；余传鹏等（2020）发现，利用式管理创新与经营绩效呈倒 U 形关系，探索式管理创新与经营绩效呈正 U 形关系。

2.4 技术创新与管理创新的关系研究

企业创新能力分为技术创新能力和管理创新能力。自从提出了创新理论以来，技术创新一直受到学术界和企业的重视，但是管理创新受到的关注却很少。直到 20 世纪 80 年代，管理创新才逐渐进入人们的视野，并受到学术界和业界的重视。Evan（1966）将创新分为管理创新和技术创新，认为管理创新与高层管理者密切相关，高级管理者进行的资源重构、职权、任务分配和奖励相关的创新为管理创新；而与低层技术人员相关的创新为技术创新，技术人员研发的新产品、流程或服务为技术创新。在此基础上，Daft（1978）研究了管理员和技术人员在创新过程中的角色，发现二者有明显的分工。利用双核模型发现，技术创新过程和管理创新之间既有联系，也有区别。Yamin 等（1997）基于制造业视角，认为管理创新、产品创新和技术创新三个维度构成了企业创新。Johne（1999）认为，创新的根本目的是提高经营绩效，并将创新分为三种类型：市场创新、产品创新和过程创新。Liu 和 Chun 等（2005）进一步指出，对管理创新与技术创新的划分有助于从整个组织层面上把握创新。管理创新是关于组织结构和管理构成的创新，与组织管理直接相关；而技术创新是关于产品、服务和生产过程技术的创新，与技术有直接的关系。关于技术创新和管理创新的地位，国外学者普遍认为二者之间具有同等地位（Walker 等，2011；Damanpour & Aravind，2012；Damanpour，2014；Khosravi 等，2019；Roehrich 等，2019）。然而，国内部分学者认为，技术创新与管理创新的地位并不平等，如陈奕林等（2018）发现在 BIM 技术创新支持中技术支持及组织支持对建筑业管理创新行为具有正向作用；张振刚等（2020）发现管理创新引进和输出与创新产出存在倒 U 形关系；管理创新引进和输出与研发投入存在倒 U 形关系；研发投入在管理创新引进与创新产出、管理创新输出与创新产出之间发挥中介作用。

创新是提升企业经营绩效的重要方式，技术创新有利于企业以较低成本提供高质量的产品和服务，而管理创新则能使企业的资源实现更有效的配置，使企业能平稳、持续发展，从而在市场竞争中占据优势地位。大部分国内外学者认为，技术创新和管理创新对经营绩效起正向影响作用，如 Geroski 等（1993）、Kumar 等（2002）、Damanpour 等（2010）和苏中锋（2014）等。王铁男、徐云咪（2012）发现，技术创新能力对经营绩效有显著的正向影响；管理创新能力对技术创新能力与经营绩效间的关系有显著的正向调节作用。何乔、温菁（2018）发现，管理创新与技术创新之间存在的不平衡性对企业经营绩效起负向影响作用。然而，管理创新与技术创新的均衡性对企业经营绩效起正向影响作用。

2.5　中介变量：用户体验

随着互联网的飞速发展，很多企业以自我为中心的经营模式已经不能满足用户的需求。当代互联网企业急需解决的问题是有效提升产品的用户体验，增加用户黏性。持续地引导着服务和产品走向更人性化的方向，已经成为决定企业经营绩效的重要因素。一个令用户满意的互联网产品不仅能正常发挥所有的功能、帮助用户完成目标和任务，还能通过提供良好的用户体验赢得用户的忠诚度，增加用户黏性，从而提升企业经营绩效。

2.5.1 定义

ISO 9241—210 标准将用户体验定义为"人们对于针对使用或期望使用的产品、系统或者服务的认知印象和回应"。用户体验另一个较为权威的定义，是由可用性专业协会（UPA）界定的，在组织、服务或产品交互过程中所有方面构成的用户感知整体，即为用户体验。Don Norman（1995）以美国苹果公司为例，认为用户体验是纯主观感受，是用户在接受产品和服务的过程中累积起来的。张媛（2014）结合现有的互联网产品设计流程，从用户体验的角度提出了一种新的用户体验——6A 模型，验证了使用 6A 模型设计的产品可以具有更好的用户体验效果。张靖欣等（2016）运用大数据本身的数据资源，进行数据分析，可以得到更全面的用户特征描述，实施个性化用户体验管理。冯鸣、吴祐昕（2018）界定了用户体验的定义，认为用户在应用某一产品时，在产品的不同使用阶段，对产品的个性爱好、认知、身心反应和情感等主观感受，即为用户体验。宫承波、梁培培（2018）认为，用户使用物质产品和非物质产品或者享用服务的过程中建立的心理感受即为用户体验。

2.5.2 用户体验与因变量关系的前期研究

Liu（2007）研究发现，用户黏性是网站保留在线客户并延长其每次逗留时间的能力，是提升电子商务经营绩效的关键因素之一。用户黏性的形成受网络用户对网站的态度、对网站的信任及网站内容质量的影响。Chung & Rao（2012）和 Yang 等（2012）提出了一种针对体验产品的通用消费者偏好模型，该模型克服了消费者选择模型的局限性，尤其是在不容易考虑产品的某些定性属性或相对于可用偏好数据数量过多的属性时，通过捕获未观察到的产品属性的影响及相同产品的参考消费者的残差。研究结果发现，用户体验能够在很大程度上影响消费者的在线购物倾向。赵青（2012）在研究网络用户黏性行为形成机理时得出结论，认为网络用户黏性的影响因素主要包括有用性、使用习惯、满意性、用户的期望确认等。Hsu等（2014）在社会信息呈指数级增长的背景下，研究探讨了感知的信息可访问性与用户黏性之间的关系。结果表明，感知的信息可访问性和用户黏性之间呈倒U形关系。为了确定如何避免损害用户黏性的信息过载，提出了社区意识的调节作用。随着社区意识水平的提高，倒U形关系变成线性。结果表明，互联网企业可以增强社区意识，以减少信息过载对黏性的负面影响。陈力丹、史一棋（2014）认为，互联网企业与传统企业最主要的区别，体现在企业和用户的关系上。传统企业以自我为中心，而互联网企业以用户为中心，用户才是其最重要的资源。互联网通过提高用户体验、产生用户黏性，从而提升企业经营绩效。在智能化背景下，良好的用户体验是互联网产品能够更好地满足用户的使用和情感需求、延长产品生命周期的必要条件。吴婷婷（2017）发现，供应链平台企业可通过网站体验、产品体验和服务体验三个方面提升用户体验，提升用户在线黏性，通过实证分析证明用户在线黏性对企业经营绩效起正向影响作用。段菲菲（2017）研究了手机游戏的用户体验影响因素与影响机制，认为心流体验是影响手机游戏用户体验的重要因素。黎小林等（2017）以唯品会和聚美优品为例，研究用户体验的影响因素，结果发现，唯品会的用户体验要高于聚美优品的用户体验，主要原因在于唯品会的界面简洁，给予用户舒适的体验感，以及多样化的支付方式、运营品类和内容。因此，为提升用户体验，提高用户黏性，互联网企业应注重用户的需求，打造简洁的用户界面，让用户有一种专业又舒适的体验，这是提升互联网企业经营绩效的主要因素。

任维政等（2018）以互联网企业为例，研究用户体验对经营绩效的影响。结果发现，用户体验可以增强用户对互联网产品的满意度，提升用户黏性，有利于互联网企业树立良好的产品形象，从而提升企业经营绩效。李顺利（2018）以政府政务微博作为研究对象，通过实证分析发现，政务互联网互动性对用户感知价值起正向影响作用，能提高用户体验、增加用户黏性。席洁雯（2019）认为，互联网企业应采用创新性感官刺激，内容为王，积极的价值观能提升用户体验，帮助企业完成以自我为中心向以用户为中心的转变。王先庆等（2020）以人工智能为例，研究用户体验的影响因素，发现影响用户体验的重要因素为顾客与智能产品/应用之间的人机互动。

2.6 管理学理论

在对技术创新、管理创新、用户体验及企业经营绩效等现有相关文献资料进行汇总整理的基础上，本小节主要罗列了本书涉及的理论基础，主要有产业链理论、价值链理论、创新理论及目标管理理论。

2.6.1 产业链理论

亚当·斯密以"制针"为例，最早提出产业链的概念，并详细说明了产业链的划分。产业链的划分包括加工企业从原材料商处采购原料，并将原材料加工成成品，将产品卖给销售商，最终销售给用户。傅国华（1996）最早提出"产业链"这一词汇，并将产业链理论应用于农业产品方面，以"产—加—运—销"或"产—运—销"的产业链，系列化批量生产，链状转动。龚勤林（2004）指出，产业链是一种链状关系的形式，在各个工业部门之间，产业链根据一定的经济和技术关系，并基于特定的、客观的时空布局关系和逻辑关系而形成。lee（2009）将产业链的思想融入移动互联网，以日本与欧洲国家为例，提出不同产业链架构之间的差异将导致企业的不同战略，并比较分析i-Mode移动互联网服务部署的异同点。张宁（2010）以3G时代移动互联网为例，对产业链情况进行研究，认为当时的产业链是一条以用户为中心，由电信运营商主导，网络基础设备制造商、CP/SP提供商、终端制造商共同参与的产业链。许泽聘（2011）指出，传统的移动互联网产业链是运营商主导的半封闭产业链，但这种模式正在逐渐被打破，产业链中的所有环节都在试图向上游和下游扩展。段超（2017）认为，产业链是指包含客户、制造商和分销商之间的相互协作和信息交换活动的绩效网络。战略管理需要以产业链的整体优化为目标，以企业关系管理为战略管理的一面，以在产业链中建立有效市场为发展路径。段超是从企业的战略管理角度，对产业链的概念进行分析，而刘炤旭（2017）则基于建筑企业的视角，深度解析产业链。他认为，建筑企业虽然没有完整的产业链，但从产业链的节点上，如原材料、设备供应等，都属于产业链中的一部分，需要借助企业外部资源运行。赵都敏（2017）则基于农业的角度构建产业链的定义和内涵，认为产业链是根据一定的生产逻辑，由产品的生产过程中涉及的各个环节形成的完整链条，这一生产过程始于初始原材料，而最终取决于消费者。因此，各行各业的产业链概念大致相同，即以产品为核心并连接上下游节点的环形结构。王炎龙等（2019）以出版业为例，分析人工智能在出版产业链重构过程中所起的作用。马朝良（2019）认为，为实现产业链现代化和产业技术升级的目标，产业链上下游应该协同创新。李春发（2020）认为，数字信息已成为产业链中的"标准化"流通媒介，将解构和重构制造业产业链，逐步实现全面的数字化转型。解学芳、张佳琪（2020）认为，媒体产业人工智能将重构传统媒体产业链，并引起媒体产业发生颠覆性变革。刘志彪（2019）认为，产业链现代化是当今全球产业竞争中的一种新现象，也是产业经济学研究中必须注意的新问题。促进产业链现代化就是促进基础产业的进步，加强企业之间的技术经济联系，增加产业链与创新链、资本链和人才链的亲密关系，从而构筑起一条现代工业体系的产业链。何波（2020）建议在巩固新冠肺炎疫情防治效果的同时，抓住战略机遇期，充分利用我国制造业的优势，确保全球产业链供应的安全，利用疫情合作稳定国际经贸关系，加强关键产业链的替代和补充。

2.6.2 价值链理论

波特（1985）提出的价值链理论认为，导致企业内外价值增加的活动分为基本活动和辅助活动，包括企业生产、销售、进料、发货、售后等多个环节，正是这些互不相同但又相互关联的生产经营活动，构成了一个创造价值的动态过程，即价值链。企业在价值链某些特定的战略环节上的优势实际上就是企业要保持的竞争优势。波特在分析公司行为和竞争优势的时候,把公司的整体经营活动分解为一个个单独的、具体的活动,这些活动具有不同的性质和作用,并分别处于不同的环节。因为每个活动均能产生价值,因此波特将这些活动定义为价值创造活动。

根据波特的"价值链分析法",企业的价值活动由辅助活动和基本活动两类活动构成。其中,企业技术开发、基础设施、采购和人力资源管理四个部分构成了辅助活动;市场营销和销售、内部后勤、外部后勤、生产作业和服务五个部分构成了基本活动,如图 2-1 所示。上述 9 种企业价值活动在公司价值创造过程中相互联系、相互作用。这些活动又包含了多种细分的价值元素和价值活动,这些价值活动是构成公司价值创造的行为链条的基本要素,这一行为链条即为公司内的价值链。基于广义的视角,波特界定的企业价值链包括企业文化、企业组织结构、价值理念和制度安排等活动和要素,该企业价值链包括了所有能够为企业创造价值的活动和要素。

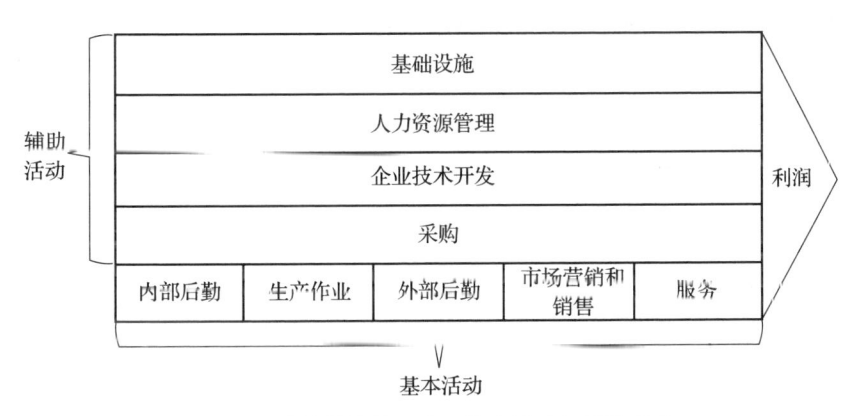

图 2-1　波特价值链理论:基本活动与辅助活动

在此基础上,波特认为,一个企业价值链不仅与其他经济单位的价值链之间存在密切的关系,而且企业内部也存在价值链,任何企业的价值链都存在于一个由许多价值链组成的价值体系中,而且该体系中各价值行为之间的联系对企业竞争优势的大小有着至关重要的影响。一条完整的产业价值链包括上游的供应商价值链、中间的企业价值链、下游的顾客价值链和渠道价值链，如图 2-2 所示。

```
供应商价值链 ── 企业价值链 ── 顾客价值链 ── 渠道价值链
```

图 2-2　波特价值链理论：产业价值链

1995 年，Jefferey F.Rayport 和 John J.Sviokla 将电子商务在信息与通信中的活动所构成的价值链作为虚拟价值链的观念。企业一般拥有两种价值链：第一种是由信息形成的市场空间的虚拟价值链；第二种是管理者所能触摸到和看到的市场场所的实物价值链。与传统价值链相比，在信息领域虚拟价值链是传统价值链的新发展，是在市场空间中的延伸，虚拟价值链"是一种为顾客重新创造价值"的活动。传统的价值链的价值创造是一种相对静态的思维观念，即企业通过与上下游的合作企业这种纵向关系构建一种价值链的方式来创造企业价值。

后来，随着市场竞争的白热化及分工体系的不断拓展，商业模式中的价值创造不再是单个企业的活动，而是逐渐向多个企业价值网络合作演进。Adrian Slywotzky 在其发表的著作《利润区》(*Profit Zone*) 一书中提出"价值网络"的定义，并将其视为一种重要的商业模式，其认为经济全球化及网络全球化的布局应顺应市场需求的改变，企业也应顺势由价值链向价值网络结构改变。价值网络中的领导者负责整合网络成员的资源，扩大价值网络总体效用，各主体获益于资源共享，并致力于提升顾客忠诚度和巩固内部成员关系，形成一种新的商业模式。价值网络的最终价值体现为顾客价值与企业价值，前者多数表现为消费者感知利益，后者表现为企业长期盈利能力。

Adrian Slywotzky 认为，价值网络理论基于全球化和市场需求多样化，以及企业与上下游产业链共同建立的资源的动态整合。在此基础上，有学者从供应链管理角度对价值网络重新进行定义。David Bovet 认为，价值网络是一个包含供应商、客户、合作伙伴的动态连接系统，实现利润最大化的目标驱动该系统的运行，通过动态连接可以更好地满足顾客需求，获取高利润率。

现有研究大多从价值网络理论的多角色（供应商、合作伙伴及竞争对手、客户等）进行关系梳理和探索，主要认为价值网络是由诸多紧密联系的利益相关者构成的动态网络体系，其主要通过客户驱动，触发网络关系，实现收益最大化。基于价值网络的商业模式强调顾客需求，通过价值网络内部各方合作者的协同创新为顾客提供个性化和多样化的服务，因此与顾客的沟通、了解顾客真正需求成为关键。

价值网络实质上是一个基于交互网络的动态体系，通过企业与供应商、合作伙伴、客户需求之间复杂的动态交易过程完成价值创造、价值传递，最终实现企业价值。从网络的要素逻辑上来看，企业向顾客提供有价值的产品、服务，顾客为获取产品或服务必须支付相应的费用，企业在为顾客创造和传递价值的同时就实现了自身利益。当客户、供应商、合作伙伴及竞争对手等利益相关者共同构成了价值网络，他们联合起来能创造出更高的经济利益。

需要说明的是，并非在价值链组合成价值网络后价值链就消失了，在价值网络框架下，原来的价值链可能依然存在，也可能重组成新的价值链。但无论是原来的价值链还是新组成的价值链，其战略目标和行为都要服从于价值网络的战略，其对外部环境的反应速度更快，与客户的需求距离更近，对资源的获取能力更强，核心能力和竞争优势也就更为明显。

价值链和价值网络之间存在显著差别，价值链秉承的传统线性思维已被价值网络所颠覆，价值创造的重点已从企业转向构成价值网络的整体及相关利益者，价值链理论的关键在于合理确定价值分配，而价值网络理论认为企业与利益相关者不再只是竞争关系或简单的利益分配，还应与他们增加协同创新的机会。Hansen等（2007）提出的创新价值链概念，将创新视为一条价值链，由三个阶段组成：创意生成、转化和传播。

近年来，发达国家制造业回流，同时向非洲和东南亚等地区转移并存，第一个原因是技术创新导致的低成本比较优势；第二个原因是技术创新衍生的成本红利。中国制造业面临的多层困境包括：价值链治理结构"复杂化"，其原因是产品模块化和功能模块化之间的动态分离；价值链分工地位"低端化"，其原因是国际贸易壁垒和内生动力不足；价值链增长方式"贫困化"，其原因是要素成本上升和需求结构升级；价值链发展路径"曲折化"，其原因是局部区域差异化和价值链整体低端化。

国内外的专家学者基于中间品关联、增加值关联、投入—产出关联等视角，研究中国制造业全球价值链的演进趋势及在国际分工协作中的地位。研究结论证实，在全球价值链分工协作过程中，中国制造业面临"低端化"和"边缘化"风险。刘明宇（2012）认为，企业经营绩效的变化通常在价值网络上有直接体现，其中，价值网络能够感知并及时规避外部风险，帮助企业更好地应对市场机遇与挑战。吴晓波（2014）等认为，在经济网络社会中，随着传统企业组织边界的模糊化，企业实体为巩固市场份额和地位，越来越重视与利益相关者的合作。冯雪飞等（2015）基于价值链理论，构建了商业模式创新中顾客价值主张影响因素的三棱锥模型。彭本红等（2016）基于职能划分的视角，运用价值链理论构建移动互联网价值链的层次模型。杨水利（2019）研究技术创新模式与全球价值链分工地位之间的关系，发现二者之间并非简单的线性关系。韩亚峰（2020）从创新价值链的角度出发，发现国内外不同的技术来源要素不仅促进了该地区创新价值链的提升，而且还通过空间上的溢出效应促进了周边地区创新价值链的提升。吕越、邓利静（2020）认为，为实现我国制造业产品的多样性，实现企业的转型升级，应优化引资质量和结构，并积极主动融入全球价值链分工。

2.6.3　创新理论

在日益激烈的市场竞争中，企业为获取竞争优势积极进行创新，创新已经成为企业获取竞争优势的手段之一。企业的创新过程分为：①产生新的思想和思路；②根据产生的新思想和新思路，产生新发明；③将新发明付诸应用；④在市场中为用户带来新过程、新服务和新产品。在互联网企业的发展过程中，创新起到了重要的作用，在激烈的市场竞争中，其能保障企业具备一定的优势地位。对技术创新理论的研究始于20世纪初。创新理论从提出到现在已有100多年的时间，在此过程中，国内外的专家学者基于不同的视角，对创新理论提出了不同的见解，为创新理论的逐步完善做出了巨大的贡献。熊彼特首次提出创新理论，将"技术创新"定义为"将新的生产要素和生产条件的结合引入生产体系中，包括引入新产品或新工艺、开辟新市场、重新选择供应链等"。自此，学者们基于不同视角对该理论进行深入研究。让巴蒂斯特·萨伊对创新的定义：创新就是改变资源的产出。彼得·德鲁克认为，创新就是通过改变产品和服务，为客户提供价值和满意度。可见，无论是从供需关系的供给维度来考量还是从需求维度来考量，创新对企业发展乃至社会经济增长都是至关重要的。

Bums 和 Stalker（1961）认为，创新能力是企业根据新思维、新思路和新想法，以此来生产新产品、创建新技术的能力。Damanpour（1996）认为，企业创新包括组织的新计划或程序、新产品或服务、新组织结构或管理系统、新流程技术等方面。傅家骥（1998）认为，企业的创新能力是不同能力的组合，创新能力的组成部分包括企业的制造和营销能力、创新趋势、创新管理、创新资源投入、研发等方面的能力。郭九成、朱孔来（2008）提出，企业的创新能力并不是一种单一的能力，而是一种综合能力，在获取资源、研发新产品、将新产品推向市场，并在激烈的市场竞争中占据一定的市场份额的过程中所表现出来的综合能力即为创新能力。Daft（1978）、Roberts 等（1999，2003）、Gaynor（2002）、Hult 等（2004）、MacPherson 等（2015）、Chen 等（2015）、Lundvall 等（2016）和李飞等（2016）对创新与经营绩效的关系进行了深入研究，发现创新对经营绩效具有正向影响作用。Ruan 等（2014）、Reinhardt 和 Gurtner（2015）、孙莹（2016）和 Garcia 等（2019）基于不同角度对破坏性创新进行了深入研究。赵炎、孟庆时（2014）和罗庆朗等（2020）基于不同的视角和方法测度企业的创新能力。Euchner 等（2014）和齐二石等（2016）对商业模式创新理论进行了梳理和分析。Chesbrough 等（2014）和 Hewitt 等（2018）对开放式创新进行了研究。李培楠等（2014）认为，产业技术创新涉及诸多要素，这些要素在组合、配置方式、结构方面的差异构成了不同的技术创新模式。吴金希（2014）基于组织生态学、战略管理、公共政策视角对创新进行研究，是创新生态系统在微观上的三大分支来源。杨林、柳洲（2015）和解学梅、方良秀（2015）分别对国内外的协同创新研究进行了系统述评，体现出国内外学者在协同创新研究上的差异。Schut 等（2016）

认为，农业创新平台（IPs）被视为促进农业研究促进发展（AR4D）范式转变的有利工具之一。通过促进农民、研究人员和其他利益相关者之间的互动，知识产权可以促进更全面、系统的创新，这对实现农业发展影响至关重要。徐国军等（2016）认为，分布式创新是一种创新形式，其中领先企业选择创新任务，与分布在世界各地的其他组织建立联系，并进行知识共享和集成以实现创新目标。董铠军、吴金希（2018）通过比较创新理论形成的背景，以及创新政策的决策概念和机制，将创新治理分为线性驱动、系统驱动、多系统驱动和生态系统驱动四个阶段。在我国从创新驱动到创新带动的发展趋势下，建立新的科技创新生态系统，加速对重大核心和关键技术的突破，增强国家和企业在全球创新体系中的地位和可持续竞争力，已成为创新治理的关键内容。许冠南等（2020）认为，我国新兴产业的创新生态系统呈现一种新的模式，其中，科学技术在某些领域处于领先地位。同时，出现了新的问题，如由于科学、技术和市场之间的联系不足，导致缺乏协调和业务相对滞后。

2.6.4 目标管理理论

1965年，彼得·德鲁克在《目标管理》中提出目标管理理论，并详细分析了目标管理理论的目标激励体系和具体的方案。其从目标管理理论的角度出发，强调组织和团体可以通过合作劳动实现共同的目标。目标管理理论是一套基于Taylor科学管理和行为科学理论形成的系统管理体系。动机激励理论是产生目标管理理论的依据，根据动机激励理论，人们的积极性需要得到实践，这也受到人们动机的驱动。换句话说，动机和人类需求的产生支配着人类的行动。因此，只有了解了人类的需求和动机，才能合理地预测人类的行为，指导人类行为并调动人们的积极性。一般来说，在生产过程中无法满足一个人的需求时，就会产生焦虑和紧张的心理。当可以满足需求的目标出现时，它将转化为推动个人实现目标并朝着目标前进的动力。目标管理就是遵循这一基本原则，根据人们的实际需求设定目标，然后实现个人目标和集体目标的结合，提高员工的积极性，指导人们完成相应的行为，最终实现组织目标。

我国学者针对目标管理理论从理论和应用方面分别进行了深入研究。在理论方面，罗红霞、罗欢（2014）从概念厘清、发展阶段、主义之争、效用之争和工具整合五个方面呈现西方公共部门目标管理理论的发展成果。武文鼎（2014）在分析德鲁克目标管理理论内容的基础上，着重分析德鲁克目标管理理论与绩效管理的异同点。谢小燕（2016）认为，目标管理和全面质量管理之间的关系既有区别又有联系，二者的有机结合将会实现"1＋1＞2"的结果。姚梦山（2017）从目标管理的理论渊源、提出原因、主要内容、争议焦点及简要评价等几方面，对德鲁克目标管理理论进行系统的梳理与分析，加深对目标管理的认识与理解，以期更好地解决管理实践中的问题。方丽娜（2018）认为，目标与管理之间存在相互依存的关系，共同发挥着积极作用。赵浩（2019）探讨了目标管理的理论来源、具体内容，以及目标管理对当代我国管理实践的重要启示。我国部分学者还研究了目标管理理论在高师体育教育专业人才培养管理、企业管理、大学生就业、民办本科院校目标管理和公共行政管理等方面的应用。

2.7 假设

基于上述的理论分析，本小节将提出技术创新与企业经营绩效、管理创新与企业经营绩效、技术创新与用户体验、管理创新与用户体验、用户体验与企业经营绩效等理论假设，分析这些变量间的作用路径。

2.7.1 假设1

通过前文关于技术创新与企业经营绩效关系的研究，发现技术创新对企业经营绩效起正向影响作用。基于前文关于技术创新与经营绩效关系的研究，剖析其原因，是因为企业技术创新能力的形成是基于投入产出的整个过程，技术创新的投入包括研发费用、技术人员等资源投入，技术创新的产出则包括创造出新产品。技术创新始于各类资源的投入，制造出新工艺或是改进原有工艺等形式，最终实现企业的经营目标。技术创新可以使企业根据市场需求应用新方法和新技术生产出性能、品质和技术指标均处于技术前沿的产品，并使企业掌握最新的技术发展趋势。企业运用掌握的最新技术成果，可以显著降低企业的运营成本，提升企业的运营效率，提高企业产品和服务的质量，由此可以提高企业经营绩效。例如，自京东方公司成立以来，一直坚持技术创新的思维方式，坚持以技术创新为导向。2020年4月7日，世界知识产权组织（WIPO）公布了2019年全球国际专利申请排名情况，区内企业BOE（京东方）以1864件PCT（专利合作条约）专利申请量位列全球第六，这也是京东方连续第四年进入全球PCT专利申请TOP 10。京东方还凭借对人工智能领域的深入研究，位居中国企业人工智能技术发明专利排行榜前列。京东方的发展表明了技术创新对于企业提升绩效、使企业持续发展的重要性。

基于以上分析，本书提出第一个假设。

H1：技术创新对互联网企业经营绩效有显著的正影响。

H1a：技术创新支持对互联网企业经营绩效有显著的正影响。

H1b：技术创新文化对互联网企业经营绩效有显著的正影响。

H1c：技术创新产出对互联网企业经营绩效有显著的正影响。

2.7.2 假设 2

Stata于1989年首次提出"管理创新"这一概念，他认为，相对于技术创新，在企业管理中对管理创新重视的程度不够，会严重阻碍企业的进一步发展。管理创新是企业为了实现经营管理目标，根据其所处的具体环境，对其管理理念、管理方法、管理模式加以创新及优化，从而提高企业的资源利用率，实现资源的有效配置。管理创新对管理运营效率具有提升作用，对组织管理流程具有优化作用，能使企业在激烈的市场竞争中获得竞争优势，有利于提高企业经营绩效。

Damanpour（1996）、Cumming等（1998）和Zeitz等（2002）研究发现，管理创新可以显著提高企业经营绩效。近年来，针对管理创新我国学者也进行了深入研究。吴剑峰等（2016）发现企业的国际化水平与技术创新绩效呈现正相关关系，企业的研发管理对上述关系会起正向调节作用。张洁（2018）深入研究了企业研发投入行为与资源特征的匹配对创新绩效提升的促进作用。周江华等（2019）研究发现，企业研发部门与市场部门竞争对企业经营绩效起负向影响作用，而合作和竞合关系可以显著提升企业经营绩效。贾春香、刘艳娇（2019）发现，技术创新在企业的发展过程中起中介作用，在股权制衡和经营绩效间起"完全中介作用"，在董事会规模和经营绩效之间起"部分中介作用"，在高管持股与经营绩效间也表现为"部分中介作用"。李晨凯等（2021）以管理创新为切入口，着重研究企业管理方式与创新绩效的关系。

日本和美国企业的成功在很大程度上是源于他们重视管理创新。丰田企业在市场竞争中占据有利地位的原因是由于丰田JIT（准时制）生产模式可以防止企业内部的浪费，为实现企业资源的合理配置而优化企业的生产流程，由此可以提高企业的生产效率。美国通用电气公司通过实施六西格玛管理概念，为企业节省大量运营成本，因此企业经营绩效大幅提高。戴尔公司的直销模式消除中间商环节，防止中间商赚取差价，根据用户需求定制相应的产品，并由戴尔公司直接向用户销售，降低了企业的运营成本，并且减少了用户的等待时间。与同类型的其他公司相比，戴尔公司的这种直销模式使其产品的销售量大幅增加。丰田、通用电气及戴尔的案例表明，管理创新是企业提升经营绩效的重要途径和手段之一。一定程度的管理创新可以提升企业处理新问题的能力，为企业内部管理注入新的元素和思想，增强企业内部管理能力。

基于以上分析，本书提出第二个假设。

H2：管理创新对互联网企业经营绩效有显著的正影响。

H2a：资源整合创新对互联网企业经营绩效有显著的正影响。

H2b：资源配置创新对互联网企业经营绩效有显著的正影响。

H2c：资源重构创新对互联网企业经营绩效有显著的正影响。

H2d：借助外部资源对互联网企业经营绩效有显著的正影响。

2.7.3 假设3

技术创新与管理创新之间并非割裂的，二者之间是相辅相成、相互促进的关系。企业的技术创新能力可以有效地推动管理创新，因为管理创新所需要的内在动力和技术基础均由企业的技术创新所提供。而管理创新可以有效提升企业的技术创新效率，能够优化组织管理流程。管理创新在技术创新成果市场化的过程中发挥了巨大作用，其实现路径为：管理创新使技术创新成果高效、快速地进入市场，在市场中被用户认识和了解，进而实现技术创新成果的市场化。Benghozi（1990）将创新分为技术创新、市场创新和管理创新，并指出，为了提升企业经营绩效，在激烈的市场竞争中技术革新加快，企业在关注技术创新的同时，一定要重视管理创新。为了提高企业的研发效率和内部管理效率，企业应进行更新内部组织结构、人力资源的有效管理、调整研发费用的使用等管理创新。由于管理工作具有普遍性，因此，以往的研究者在研究创新时往往将部分管理内容归入技术创新中，Benghozi将管理创新作为独立的内容从技术创新中剥离出来是其重要的贡献。Hidalgo、Albors（2010）和Igartua等（2010）均认为技术创新与管理创新呈正相关关系，共同提升企业经营绩效。我国部分学者也对技术创新与管理创新的关系进行了深入研究，并认为管理创新对经营绩效的影响要大于技术创新对经营绩效的影响。

由以上文献可以看出，技术创新的过程与管理创新的过程相互融合、相互配合，技术创新的过程也是管理创新的过程，如只有通过管理创新的推动才能使技术创新的成果实现市场化，管理创新为技术创新提供资金保障，并将合适的人员安排到最恰当的位置，同时有效的组织管理可提高技术创新的效率。为了提高企业的创新绩效，管理创新与技术创新应当相互配合，企业通过合理选择管理创新模式对技术创新系统进行合理的资源配置。若管理创新的发展与技术创新的发展不相匹配，会导致创新成果不能快速转化为商品并最终为用户所接受，同时会显著降低企业的技术创新效率。基于以上分析，本书提出第三个假设。

H3：技术创新与管理创新有显著的正相关关系。

2.7.4 假设4

在智能化背景下，近几年互联网行业快速发展的阶段性重要助推力主要有移动互联网、人工智能、大数据、物联网、云计算等信息技术。其中，移动互联网显著促进了移动应用的广泛创新，拓展了互联网的应用场景，从根本上摆脱了固定互联网的限制和束缚。为了满足未来上千亿设备的联网需求和上千倍流量增长，移动互联网开始向物联网应用领域扩展，并逐渐从3G、4G发展到5G。基于大数据技术和互联网技术的快速发展，互联网企业提供的信息越来越具有个性化，并且度量互联网企业发展好坏的重要标准转变为用户体验。互联网技术、大数据技术及移动通信业的发展，促进了互联网企业的技术创新和管理创新。互联网与用户之间存在的阻抗因素主要是互联网提供的信息并不能满足用户的需要，因此在互联网提供的信息与用户所需要的信息之间产生了不对称性。这种不对称性使用户无法获得信息的掌控感，也使用户无法获取想要的信息资源，从而产生焦虑并唤醒用户的防御机制，导致用户对环境的建构缺失。互联网企业的个性化服务是根据实际情境，有选择性地为不同个性的用户提供相应的信息。凭借大数据技术，企业对用户的认知水平和喜好偏向进行有效的了解，对不同个性的用户群体进行精确预判，由此可以做到"对症下药"。满足用户需求的重要途径：用户拥有屏蔽无用信息的权利，对自己喜欢且有用的信息用户可以自主地选择。李波、陈喆（2014）认为，在智能化时代，企业最核心的内涵是用户思维，即注重用户需求，以用户为导向，专注于提升用户体验，从而提升企业经营绩效。吴为民（2019）通过对数据业务用户感知体验，研究用户体验的影响因素。牟宇鹏等（2019）发现，当用户使用人工智能时，对人工智能商业动机的心理抵制程度是阻碍用户体验的一种中介机制。改善人工智能的拟人化特征，如认知体验、情感体验、幽默和不确定性，可以有效降低用户对人工智能的心理抵抗力，从而增强用户体验。关磊（2020）研究发现，美感体验、资源体验、功能体验、技术体验、感知易用性、感知有用性等用户体验均显著正向影响用户满意度，由此增加用户黏性。本书将用户体验作为企业经营绩效的中介变量，且综合上述关于用户体验的相关理论分析，可以得出互联网企业经营绩效这一衡量企业内部能力的指标与用户体验有着密切的联系。以感官体验、内容体验、功能体验和价值体验这四个维度作为用户体验的分析重点，可以得出它们对互联网企业经营绩效产生一定的影响，以及用户体验在技术创新、管理创新与企业经营绩效之间起中介作用。因此，基于上述分析，本书提出第四个假设。

H4：用户体验在创新与互联网企业经营绩效之间起中介作用。

H4a：技术创新对用户体验起显著的正作用。

H4b：管理创新对用户体验起显著的正作用。

H4c：用户体验对互联网企业经营绩效起显著的正作用。

2.7.5 假设汇总

综上所述，本书将技术创新分为技术创新支持、技术创新文化和技术创新产出三个维度；将管理创新分为资源整合创新、资源配置创新、资源重构创新和借助外部资源四个维度；将用户体验分为感官体验、内容体验、功能体验和价值体验四个维度；将经营绩效分为财务绩效、成长绩效和创新绩效。基于以上的维度阐述技术创新、管理创新可以直接影响互联网企业经营绩效和用户体验，以及技术创新、管理创新还会通过用户体验这一中介变量影响企业经营绩效，如表2-6所示。

表 2-6 本书的假设汇总

H1：技术创新对互联网企业经营绩效有显著的正影响
H1a：技术创新支持对互联网企业经营绩效有显著的正影响
H1b：技术创新文化对互联网企业经营绩效有显著的正影响
H1c：技术创新产出对互联网企业经营绩效有显著的正影响

续表

H2：管理创新对互联网企业经营绩效有显著的正影响
H2a：资源整合创新对互联网企业经营绩效有显著的正影响
H2b：资源配置创新对互联网企业经营绩效有显著的正影响
H2c：资源重构创新对互联网企业经营绩效有显著的正影响
H2d：借助外部资源对互联网企业经营绩效有显著的正影响
H3：技术创新与管理创新有显著的正相关关系
H4：用户体验在创新与互联网企业经营绩效之间起中介作用
H4a：技术创新对用户体验起显著的正作用
H4b：管理创新对用户体验起显著的正作用
H4c：用户体验对互联网企业经营绩效起显著的正作用

2.8 研究框架

随着存储设备、传感器和终端设备等硬件设备的更新换代和升级，以及计算机性能、物联网技术和移动互联网技术等快速提高，全世界的数据在产生、采集、分析和应用等方面均呈现出大规模的发展。中国实施国家大数据战略的核心目标为数字建设。数字中国建设"三位一体"中重要的一个步骤就是数字经济的建设，数字经济给中国互联网企业发展带来了巨大的机遇，但是也给企业的管理和发展带来了巨大的困难和挑战。为了更好地推动互联网企业向前发展，互联网企业在面临巨大的发展机遇时，不能错失机遇，一定要抓住机遇，积极寻求现代企业技术和管理的创新思想、方法和模式。Atuahene 等（2001）认为，技术创新和管理创新可提高用户体验。王铁男等（2012）认为，技术创新和管理创新提升了用户体验，用户体验提升了企业的经营绩效。Luk 等（2008）和 Slater 等（2014）研究了技术创新和管理创新如何通过其单独的、间接的或交互的关系影响业务绩效，研究发现，技术创新是管理创新的基础。相对于其他形式的创新，激进的技术创新可提供前所未有的用户利益及降低成本的方法或创建新业务的能力，而这些都能带来卓越的经营绩效。Kalay 等（2015）认为，在竞争激烈的环境中，创新是企业获得主导地位和更高利润的关键。Kalay 等发现创新战略、组织结构和创新文化等管理创新显著提高了企业的创新绩效，但技术创新能力及客户与供应商关系对公司创新绩效的影响并不显著。

目前，国内外的专家学者在技术创新、管理创新与企业经营绩效间的关系方面取得了丰硕的研究成果。大部分学者认为技术创新可以显著提升企业经营绩效，但也有部分学者并不支持此观点，认为技术创新与经营绩效并没有显著的关系。企业创新的另一个重要方面即为管理创新。有些学者强调技术创新和管理创新会产生协同效应，协同效应会显著提升企业经营绩效。有学者认为管理创新可以显著提升企业经营绩效。

以小米手机作为例子，在每一轮的发售期间，小米手机在短时间内均会销售一空，自从上市以来一直都供不应求。小米手机作为国产手机品牌，其成立时间很短，为何能得到用户如此热爱？经研究发现，技术创新和管理创新在此过程中发挥了巨大作用。

一是在技术创新方面。小米手机在将现有技术进行重新组合的基础上，开发出新的技术，如小米的米聊系统和 MIUI 系统在 Android 系统的基础上改进并优化了近 100 项技术。与同等价位的其他品牌手机相比，小米手机在用户体验和性能等方面均具有一定的优势，如小米手机支持高清视频和大型 3D 游戏，与普通的双核智能手机相比，小米手机使用高性能的双核处理器，速度提高了约 1/4。

二是在管理创新方面。为了降低运营成本，小米手机除了运营商定制外，均通过电子商务企业进行线上销售，如新型微博营销等。小米手机目前的特点是价格比较低廉，但是配置较高、性能较佳，做到了真正的物美价廉。凭借此特点，小米手机赢得了众多用户的青睐。当小米手机吸引到足够多的用户时，其可以通过服务和终端销售产品提高利润。从当前小米公司成功营销的案例得出如下结论：用户体验和产品的性能主要是由技术创新决定的，因此技术创新是保障企业持续快速发展和用户满意的基本要素。通过管理创新提高企业利润的途径——管理创新可以使产品高效且迅速地引起用户的注意，由此可使产品市场化。

根据对已有文献、案例及上述变量间影响机理的分析，本书认为技术创新与管理创新均对互联网企业经营绩效具有一定的影响，因此，本书的研究理论模型主要如下：智能化背景下的技术创新能影响互联网企业经营绩效，管理创新也影响互联网企业经营绩效，用户体验在创新（技术创新、管理创新）与互联网企业经营绩效之间起中介作用。在研究命题的基础上，构建智能化背景下技术创新、管理创新、用户体验与互联网企业经营绩效间关系的理论模型，如图2-3所示。

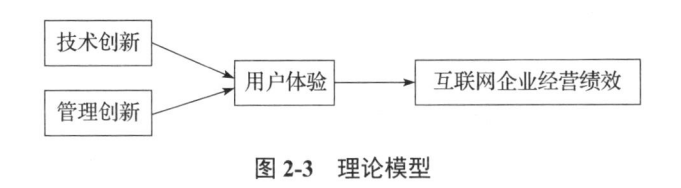

图 2-3 理论模型

结论

本章对本书的主要研究要素与相关理论进行了文献梳理。

第一，经营绩效。本章通过回顾经营绩效的概念和内涵、经营绩效的测量指标体系的发展和选择、企业财务绩效的相关研究、企业市场绩效的相关研究等内容，明确了经营绩效在本书中的概念，并基于智能化背景互联网企业的特点，选取了财务绩效、成长绩效和创新绩效三个维度对其进行划分，最后就技术创新和管理创新对财务绩效、成长绩效和创新绩效的影响进行分析。

第二，技术创新。随着智能化进程的加快，技术创新对经营绩效的影响作用越来越大。本章通过技术创新的定义及要素机制与文献梳理等内容，明确了技术创新在本书中的概念与要素选择，基于以往研究视角单一的不足，选取了技术创新支持、技术创新文化和技术创新产出三个维度进行分析，并将支持维度、文化维度和产出维度对经营绩效的影响进行分析。

第三，管理创新。本章回顾管理创新的基本概念与类别，并基于现有学者的测度研究，将管理创新划分为资源整合创新、资源配置创新、资源重构创新和借助外部资源四个维度，并就管理创新对企业经营绩效的影响进行分析。

第四，用户体验。本章将用户体验作为中介变量纳入研究范围之内，在回顾用户体验的基本概念、特点和理论发展过程后，基于现有学者的测度研究，借助感官体验、内容体验、功能体验和价值体验四个维度对用户体验进行划分，并对用户体验对企业经营绩效的影响进行分析。

第五，在对相关变量进行文献回顾、维度划分和关系研究的基础上，本章进一步提出相关理论基础与研究假设。依据相关文献或理论概述，本章沿着互联网企业技术创新和管理创新—用户体验—经营绩效的逻辑思路，设计智能化背景下创新对企业经营绩效的影响模型。

第 3 章 CHAPTER3

方 法 论

通过第 2 章对技术创新、管理创新、用户体验和经营绩效等理论及相关研究的文献梳理，本章进行研究方法论的阐述。本章运用的方法多样，各个方法皆能够论证本章的相关内容，并为研究内容的准确性提供多重保证。

首先，介绍本章的研究方法，这些方法包括文献研究方法、问卷调查法、实证分析法。根据互联网企业发展的实际情况，运用文献研究方法、问卷调查法、实证分析法进行理论探索和实证的分析。

其次，本章对经营绩效、技术创新、管理创新、用户体验四个变量做出相关的概念界定，并在前人研究的基础上，总结和提炼上述四个变量的测量维度。

再次，根据经营绩效、技术创新、管理创新、用户体验四个变量的测量维度，进行量表的设计和开发。在量表的基础上，进一步明确目的和调查对象、确定样本容量、抽样方法，根据已有文献设计调查问卷，利用问卷调查所获得的样本数据进行效度和信度的检验，为后文中的实证检验提供坚实的基础。另外，阐述数据的采集过程与结果，主要介绍企业性质、企业所在地区、员工人数、企业经营年限、企业总资产等信息。

最后，介绍本章所采用的描述性统计分析、变量信度和效度分析、相关性分析、回归分析四种方法，以及阐述了本章的道德考量。

3.1 研究设计

本章采用文献研究方法、问卷调查法、实证分析法三种方法探讨智能化背景下互联网企业技术创新对经营绩效的影响机理。第一，本章通过系统梳理现有理论和相关文献，为研究框架的构建提供理论指引；第二，运用问卷调查法收集关于技术创新、管理创新、用户体验与企业经营绩效四个变量的相关数据；第三，实证检验理论框架中设计的研究假设。因此，本章通过文献研究方法、问卷调查法和实证分析法对研究内容的科学性与严谨性提供多重保证。

3.1.1 文献研究方法

文献研究方法主要指通过对相关研究内容信息的收集和分析，并仔细研读相关研究领域的已有文献，了解该领域的最新研究成果，从而对所要研究的问题进行全面掌握的一种方法。本章在研究过程中，通过查阅相关纸质或电子资料，对技术创新、管理创新、用户体验与企业经营绩效等多个方面的问题进行相应理论证据的收集。明确相关理论的主要研究内容及未来可能的研究方向，并对所收集的资料进行梳理，同时就各个学者所提出的不同观点进行分析研究，根据当前我国互联网企业技术创新、管理创新对经营绩效的影响机制等方面的研究方向、研究内容、研究进度等进行深入探讨。重点研究技术创新、管理创新和用户体验的作用机理，用户体验在技术创新、管理创新和企业经营绩效之间是否起到中介作用，技术创新、管理创新与企业经营绩效的作用机理是怎么样的，从而构建本章的整体研究框架和我国互联网企业技术创新对经营绩效影响的理论模型，为本章的研究奠定扎实的理论基础。从获取资料的途径来看，主要包括网络和图书馆，其中，网络资料主要来自中国知网、万方数据库等网络资料库。

3.1.2 问卷调查法

本章重要的研究方法之一即为问卷调查法，问卷调查法主要分为以下几个步骤：①仔细研读已有的相关文献；②在此基础上收集、整理变量的调查问卷；③根据本章研究的实际情况对调查问卷进行调整，使调查问卷符合本章研究的需要；④根据本章研究的需要选择恰当的研究对象进行问卷的发放，并对问卷进行回收，去掉不符合要求的无效问卷；⑤运用 R、STATA 或 SPSS 等统计软件对收回的有效问卷进行分析整理。基于本章所能获得的相关渠道、资料和信息，本章的调查对象是我国智能化比较发达地区的互联网企业，了解这些互联网企业在全球化机遇与"逆全球化"挑战过程中的基本情况。本章主要采用目前已有文献中使用过的量表，再根据本章研究的内容进行一些调整。本章调查问卷的测量采用的是李克特五级量表。1932 年，美国社会心理学家李克特将已有的总加量表基础进行优化和改进，形成了李克特五级量表。

本章在设计调查问卷的过程中，借鉴了已有的研究成果，形成初稿，针对初稿存在的问题与同事进行了深入的探讨，并充分与来自互联网公司的工作人员进行了深入交流，在听取他们宝贵意见的基础上，形成了调查问卷的终稿。问卷的发放和回收主要通过网上直接进行在线填写。直接将调查问卷的网址发给符合要求的互联网企业，被调查者可以直接在线填写，结果直接保存在服务器中，直接在线下载，即可获取所需的调查数据。

3.1.3 实证分析法

在问卷调查所获取的数据资料基础上，实证分析法分为如下步骤：①运用信度分析法对数据的可信性进行研究，只有可信的数据才可以进行实证分析；②运用效度分析法对数据的有效性进行研究，数据的有效性越大，得出的实证结果越精确；③运用探索性因子分析模型，探索研究所需的变量；④运用典型性相关分析法检验变量之间的相关性；⑤运用回归分析模型，检验之前的概念模型及理论假设是否成立。本章通过对相关文献的梳理构建出理论研究框架，通过对国内智能化比较发达地区的互联网企业大规模发放问卷进行数据收集。根据调查结果分析其中存在的内在联系，以及互联网企业技术创新和管理创新对经营绩效影响的机制。运用统计分析软件 SPSS 24.0 和

AMOS 24.0 对样本数据进行信度、效度检验，通过描述性统计分析、变量的相关性分析和多元线性回归分析进行相应的分析研究及假设验证，以检验各假设是否成立，并对研究结果进行解释，最终得出相应的结论。实证检验的定量研究方法通过检验研究假设进一步深化理论模型，有助于提升研究结论的准确性与可靠性。

3.2 分析的人数/样本/单元

本章通过问卷调查的方式获得所需样本数据，主要选择广东省、江苏省、浙江省、北京市和上海市等地的互联网企业作为研究对象，这些地区属于我国智能化比较发达的省市，可以较好地反映智能化背景下互联网企业创新与经营绩效之间的关系。本章采用抽样调查的方式选择调查样本。抽样调查是指从所要研究的总体中随机选取具有代表性的一小部分，对这一部分个体的特征进行研究，并根据调查抽样所得的结论评估所要研究总体的特征。采用抽样调查的方法既可以获得内容丰富、翔实的数据资料，又由于只抽取一小部分的样本，因此具有低成本、节省时间、可操作性强、较少的客观约束条件、简单的操作等优势。

考虑到采用的抽样调查，为了使结果更为全面、数据更为可靠，采用主观抽样的方式，对我国各地的互联网企业进行问卷的发放，确保问卷调查者尽量涉及我国各地区。本次调研问卷的发放，采用线上发放的方式，总共获得原始数据样本 436 份，剔除填写不完整或者具有明显错误的无效问卷，有效问卷为 402 份，问卷有效率为 92.20%。填写调研问卷的对象是互联网企业基层、中层和高层主管，调查涉及我国 12 个省、直辖市、特别行政区的企业，包含了国有企业、民营企业和外（合）资企业，企业年龄从半年到 5 年以上不等。

3.3 分析量表

本书主要探讨在智能化背景下技术创新、管理创新、用户体验与互联网企业经营绩效间的关系及用户体验的中介作用。其中，自变量是技术创新和管理创新，因变量为互联网企业经营绩效，中介变量为用户体验。本书变量的选取和测量量表的确定主要参考了国内外的研究文献，并基于智能化背景下我国互联网企业的实际情况对测量量表进行了适当的调整和修正，所有设计均符合研究需要。本书的主要变量测度如下所述。

量表的选择在遵循特殊性和普适性原则的基础上，既要体现研究内容的特殊性和智能化特有的研究情境，同时，针对国内外引用次数较多的经典量表进行借鉴，体现出量表的普适性。首先，对缺乏成熟量表的变量（用户体验）进行量表开发。本书基于现有理论及相关研究对变量进行操作化定义，结合案例材料进一步探索技术创新和管理创新的维度并编制题项库（Item Pool），咨询互联网领域的专家学者、企业管理者及研究小组成员的意见对量表进行多次改进，通过问卷预试对测量题项进行修改和完善，最终得到符合信度和效度要求的量表。其次，在学术界引用率和认可度较高的成熟量表的基础上，根据本书的研究对象、研究内容及研究情境对其进行修改，进而形成用户体验的测量量表。最后，互联网企业经营绩效的测量量表来自多个研究所采用的成熟测量题项，本书综合前人对企业经营绩效的测量题项，挑选与本书研究内容相符的题项对互联网企业经营绩效进行测量。本书所采用的测量量表均为李克特（Likert）五级量表，分为"完全不符合""不太符合""基本符合""比较符合"及"完全符合"五种程度。根据量表的设计，统一将技术创新、管理创新、用户体验、经营绩效分别用 TI、MI、UE 和 OP 表示，其中，TI1、TI2、TI3 分别表示技术创新支持、技术创新文化和技术创新产出，MI1、MI2、MI3、MI4 分别表示资源整合创新、资源配置创新、资源重构创新和借助外部资源，UE1、UE2、UE3、UE4 分别表示感官体验、内容体验、功能体验和价值体验，OP1、OP2、OP3 分别表示财务绩效、成长绩效和创新绩效。

3.3.1 技术创新调查问卷量表设计

关于技术创新的测量，国内外不同学者给出了不同的测量指标。

Griliches（1991）认为，衡量企业技术创新水平的指标是企业研发投入。在研究中，通过研发和专利申请的投资衡量技术创新能力，并建立了一个两因素模型探索研发和专利申请对持有股票回报率的影响。Hill（1997）通过技术创新投入（技术人员投入和研发费用）及技术创新产出（专利和全员劳动生产率等）等维度测度技术创新能力。游达明（2003）构建了高新技术企业技术创新评价体系，将技术创新能力分为研发、产出、对企业技术创新投入及组织能力等维度，并从这几个维度评价企业的技术创新能力。张长征等（2006）在研究中通过技术研发人员的数量和投入研发费用的数量两方面的投入衡量企业的研发投入。何鹏（2006）基于投入产出评价模式的视角，将技术创新能力分为研发费用投入、研发人员投入及创新转化效率三个维度。陈晓红等（2009）以中小板上市公司作为研究样本，将技术创新能力分为企业研发投入、产出、创新转化比率及管理层支持等测度维度，以此探寻技术创新能力与企业成长性的关系。陈修德等（2011）将技术创新能力分为研发经费投入、专利数量和无形资产三个维度，以此研究技术创新与企业价值之间存在的关系。王铁男（2012）将技术创新能力分为研发费用及技术人员的投入强度等维度。罗洪云、张庆普（2016）运用模糊前端创意生成能力、研究开发能力、中试生产能力、商业化能力和新技术标准推广能力等评价指标研究突破性技术创新能力。刘钟曲（2017）通过技术创新投入、产出与效率等维度研究产业技术创新能力。曹兴等（2017）以战略性新兴产业为例，运用资源投入能力、执行能力、产出能力及环境支撑能力四个测量维度研究自主技术创新能力。黄晓芳（2017）将技术创新能力分为经济支撑、研发能力、转化能力和实现能力四个测量维度。刘锦英（2018）基于多维的视角，将价值持续与技术创新进行比较分析，发现技术创新与价值创新之间存在密切的关系，同时又有所区别。金玉石（2019）将技术创新能力分为技术创新投入、产出、支撑环境及可持续性四个评价指标。陈其安等（2020）基于股票市场的视角，研究技术创新能力的测度，并发现股票价格波动性与系统风险冲击呈正相关关系，与企业创新能力呈负相关关系，企业创新能力能够弱化系统风险冲击对股票价格波动性的影响，进而增强股票市场的稳定性，将技术创新能力分为创新投入、创新产出和创新环境三个维度。陈忠谊、阮爱清（2020）以高新技术制造业企业为研究样本，发现有效提升技术创新能力的路径为加强企业合作创新、创新研发模式和避免规模不经济。史慧君、王承云（2020）将技术创新能力分为创新投入、创新产出、创新载体及创新环境四个维度。

通过对上述文献的总结分析可以得出，对技术创新的测量主要是运用"创新绩效"和"创新过程"这两大思路。基于创新绩效视角的研究一般从创新投入、创新产出及经营绩效的角度选择定量指标评价企业技术创新能力。通常采用研发费用投入强度、研发人员比例等衡量投入，采用专利数、创新发明数目、新产品销售收入衡量创新产出等；基于创新过程视角的研究则是通过对过程能力进行定性或定量评价，结合不同创新过程的投入、产出能力度量企业的技术创新能力。本章参照 Griliches（1991），Hill（1997），游达明（2003），张长征等（2006），何鹏（2006），陈晓红等（2009），陈修德等（2011），王铁男（2012），罗洪云、张庆普（2016），刘钟曲（2017），曹兴等（2017），黄晓芳（2017），刘锦英（2018），金玉石（2019），陈其安等（2020），陈忠谊和阮爱清（2020）及史慧君、王承云（2020）的研究和第 2 章对技术创新的理论分析，结合已有研究和案例分析，进一步理解和深化变量内涵，通过与相关领域专家进行探讨，多次修改和完善量表直至意见达成一致，从技术创新支持、技术创新文化及技术创新产出三个维度对技术创新进行测量，采用 11 个测量题项对技术创新进行测定，最终得到技术创新能力的测量量表，如表 3-1 所示。

表 3-1　技术创新（TI）测量题项表

维度	题号	题项	依据或来源
技术创新支持（TI1）	A1	近三年企业乐于接受有科研成果支持的新技术	Griliches（1991）、Hill（1997）、游达明（2003）、张长征等（2006）、何鹏（2006）、陈晓红等（2009）、陈修德等（2011）、王铁男（2012）、罗洪云、张庆普（2016）、刘钟曲（2017）、曹兴等（2017）、黄晓芳（2017）、刘锦英（2018）、史慧君和王承云（2020）、金玉石（2019）、陈其安等（2020）、陈忠谊和阮爱清（2020）及史慧君、王承云（2020）
技术创新支持（TI1）	A2	相较于竞争对手，近三年企业对研发经费的投入水平更高	
技术创新支持（TI1）	A3	相较于竞争对手，近三年企业的研发人员占比更高	
技术创新文化（TI2）	A4	近三年企业是一个敢于冒险、勇于尝试的公司	
技术创新文化（TI2）	A5	近三年企业通过较为激进的专利政策鼓励技术创新	
技术创新文化（TI2）	A6	近三年在企业中创新不会被认为有很大的风险而被阻止	
技术创新文化（TI2）	A7	近三年企业密切跟踪技术领域最新的研究成果	
技术创新文化（TI2）	A8	近三年企业鼓励员工之间及职能部门之间相互合作以进行创新	
技术创新产出（TI3）	A9	近三年企业开发出具备很强创新性的新技术	
技术创新产出（TI3）	A10	近三年企业常常在行业内率先推出新产品和新服务	
技术创新产出（TI3）	A11	相较于竞争对手，近三年企业申请专利的数量较多	

3.3.2　管理创新调查问卷量表设计

学术界对管理创新的研究起步比较晚，对管理创新能力的测量评价体系并不完善。何鹏（2006）通过对企业财务指标的分析衡量管理创新，将管理创新能力分为财务管理效率、市场营销效率和内部运营效率三个维度。宋志刚（2006）基于经济效益与社会效益的视角研究企业的管理创新能力，将经济效益指标分为销售利润率、存货周转率和资产报酬率等财务指标，将社会效益指标分为社会贡献率、安全生长能力和质量评价指标等评价指标。张凤杰（2007）通过营销能力、管理技能、高管素质、财务技能、员工素质及士气、对市场技术的认识程度及风险管理能力等指标度量管理创新能力。杨伟等（2011）通过财务管理能力、后勤体系、成本控制能力和人力资源管理能力等指标测度管理创新能力。王铁男（2012）通过管理费用贡献度、销售费用贡献度及总资产周转率三个指标测量管理创新能力，运用的财务指标包括主营业务收入、管理费用及销售费用等。傅贤治（2012）在研究中通过对企业的体制机制、企业文化及科学管理方法的评价测量企业的管理创新能力。刘立波、沈玉志（2015）通过理念创新、知识管理、组织学习及环境适应四个维度测度管理创新能力。刘爱玲（2015）以科技型中小企业为例，通过研发管理、制度管理、经营管理及人员素质四个维度测量管理创新能力，其中，测量指标包括研发费用及人员投入强度、管理费用及销售费用贡献率、总资产周转率、公司治理结构、人员学历背景等。陈武等（2015）通过效益贡献、效率提升和能力增强三个维度测量管理创新能力。陈武等（2016）基于企业可持续发展、企业绩效贡献度和增量绩效三个视角，对管理创新绩效的总体框架体系进行研究。

现有研究中对管理创新能力的测量主要有以下两种方式：一是根据管理创新的概念，针对管理创新的各项具体内容制定衡量指标，通过与设计测量量表结合问卷调查的方式进行测量。二是运用能反映企业经营管理水平的财务指标分析和衡量企业的管理创新能力。本章参照何鹏（2006），宋志刚（2006），张凤杰（2007），杨伟等（2011），王铁男（2012），傅贤治（2012），刘立波、沈玉志（2015），刘爱玲（2015）及陈武等（2015，2016）的研究和第2章对管理创新的理论分析，结合已有研究和案例分析，进一步理解和深化变量内涵，通过与相关领域专家进行探讨，多次修改和完善量表直至意见达成一致，从资源整合创新、资源配置创新、资源重构创新及借助外部资源四个维度对管理创新进行测量，采用16个测量题项对管理创新进行测定，最终得到管理创新能力的测量量表，如表3-2所示。

表 3-2 管理创新（MI）测量题项表

维度	题号	题项	依据或来源
资源整合创新（MI1）	B1	近三年企业采用新的方法整合后勤体系	何鹏（2006），宋志刚（2006），张凤杰（2007），杨伟等（2011），王铁男（2012），傅贤治（2012），刘立波、沈玉志（2015），刘爱玲（2015）及陈武等（2015，2016）
	B2	近三年企业注重整合产业相关技术以协助新产品开发	
	B3	近三年企业注重建立跨职能部门团队执行企业的专项计划	
	B4	近三年企业会适时调整员工的工作以实现公司目标	
资源配置创新（MI2）	B5	近三年企业建立新的绩效衡量方法，以有效了解员工达成目标的程度	
	B6	近三年企业采用新的方法降低成本	
	B7	近三年企业采用新的方法提高财务管理能力	
	B8	近三年企业采用新的方法提高人力资源管理能力	
	B9	相较于竞争对手，近三年企业获取资源的速度更快	
	B10	近三年企业采用新的方法提高盈利和回报预测的准确性	
	B11	近三年企业采用新的方法提高营销计划能力	
资源重构创新（MI3）	B12	近三年企业会尝试用不同的管理流程加速达到目标	
	B13	近三年企业会配合环境的需求变更各部门的职权分工	
	B14	近三年企业能够适时地对已有的工作流程和程序进行再设计	
借助外部资源（MI4）	B15	与同行业相比，近三年企业能够借助政府的力量获得一定竞争优势	
	B16	本企业已经形成良好的技术创新联盟且能够很好地利用这些创新资源	

3.3.3 用户体验调查问卷量表设计

Carmelo、Paolo 等人认为，测量互动系统的用户体验是一个很复杂的任务，用户体验不仅受到交互系统的影响，而且还受到用户的心理状态和发生相互作用的其他因素所影响。诺曼在《情感化设计》中从认知心理学的角度对人类认知事物的层次进行分析，将其分为本能层、行为层和反思层。Schmitt（2004）将用户体验分为感官、情感、思考、行动、关联五个体验形式，体验的过程是复杂多样但各个体验模块又可拆分为独特的结构和过程。Finstad（2010）体验效果评价模型主要从用户角度构建了用户体验可用性度量模型，包括围绕有效性、高效性和满意度三个维度而展开的 12 个指标。孙聘（2015）基于用户体验的角度，从教学有用性和微课可用性两个维度出发制定微课评价体系。吴婷婷（2017）认为网站体验、服务体验和产品体验三个维度共同构成了用户体验。常赵鑫（2017）借鉴 HEART 模型，认为用户在感官、交互、情感、游览、信任及功能和技术方面的体验等维度构成了用户体验。崔竞烽（2018）融合 Schmitt 和 Norman 的思想，将用户体验分为感官接受度、任务完成度、内容吸引度、使用收益度和心理愉悦度五个评价维度。丁金虎、吴祐昕（2019）以自然用户界面为例，将用户体验分为情境化的使用体验、无缝式的情感体验、动态的认知体验、超真实的互动体验和无限自然的行为体验五个评价维度。戴艳清、戴柏清（2019）以国家数字文化网为例，将用户体验分为感官体验、情感体验、内容体验、价值体验、功能体验和服务体验六个评价维度。崔筱婷、曲洪建（2020）研究发现，用户体验中实用、产品、服务和关联四个维度对购买意愿起正向影响作用；体验价值和信任度起到中介作用，体验价值对信任度起正向影响作用，且信任度和体验价值起到中介作用。

本章参照 Schmitt（2004），Finstad（2010），孙聘（2015），吴婷婷（2017），常照鑫（2017），崔竞烽（2018），丁金虎和吴祐昕（2019），戴艳清和戴柏清（2019）及崔筱婷、曲洪建（2020）的研究和第 2 章对用户体验的理论分析，基于用户体验进行理论推导，并结合已有的研究和案例分析，进一步理解和深化变量内涵，通过与相关领域专家进行探讨，多次修改完善量表直至意见达成一致，从感官体验、内容体验、功能体验及价值体验四个维度对用户体验进行测量，采用 14 个测量题项对用户体验进行测定，最终得到用户体验的测量量表，如表 3-3 所示。

表 3-3　用户体验（UE）测量题项表

维度	题号	题项	依据或来源
感官体验（UE1）	C1	企业界面色彩搭配美观	
	C2	企业导航栏目层级清晰	
	C3	企业整体界面布局合理	
内容体验（UE2）	C4	企业文化资源种类丰富	Schmitt（2004），Finstad（2010），孙聘（2015），吴婷婷（2017），常照鑫（2017），崔竞烽（2018），丁金虎和吴祐昕（2019），戴艳清和戴柏清（2019）及崔筱婷、曲洪建（2020）
	C5	企业文化信息资源更新及时	
	C6	企业文化信息资源内容全面	
功能体验（UE3）	C7	企业搜索、查询和浏览等功能的体验程度	
	C8	企业可依据个人喜好提供个性化页面和推送服务	
	C9	企业满足用户需求的程度	
	C10	有问题可以方便与管理人员进行沟通	
价值体验（UE4）	C11	企业提供的文化资源对用户很有用	
	C12	企业提升了用户的自身价值和素养	
	C13	企业对用户情感的满足程度	
	C14	企业为用户提供了生活便利服务	

3.3.4　经营绩效调查问卷量表设计

目前，学术界对经营绩效并未形成统一定义。研究角度不同，对经营绩效所采用的衡量指标也不尽相同。Gregory 等（1996）在对 1987—1993 年以小企业和或新创企业为研究对象，以创业绩效为因变量的文章进行分析发现，在衡量创业绩效的维度中，出现频率最高的三个维度是效率（30%）、成长（29%）和盈利（26%）。Chrisman、Bauerschmidt 与 Hofer（1998）在研究新企业绩效的决定因素时，将新企业绩效划分为生存和成功两个维度。生存是一个绝对绩效指标，取决于企业作为一个独立的经济实体的持续运营能力，而成功是一个相对绩效指标，当企业以持续和经济有效的方式为顾客创造价值时即取得了成功。尽管新企业可能要经过几年时间才能获利，但是，如果有创造持续的、难以模仿价值的能力，就意味着企业能度过最初的这几年，将会获得超额利润和成长。Covin 和 Slevin 认为，成长性和盈利性两个主要维度构成了企业经营绩效，其中，成长性和盈利性隐含的财务指标包括销售增长率、资产回报率、销售利润率等，以此研究创业与经营绩效之间的关系。Bostjan 等（2001）将经营绩效分为成长性和盈利性两个维度，以此研究内部创业与绩效之间的关系。Venkataraman（1997）运用经济绩效和成长绩效两个维度衡量企业经营绩效。Chandler 和 Hanks（1994）在研究中发现创业者都以新创企业的成长为主要目标。Cooper 等（2009）运用失败、边缘生存和高成长三个维度衡量企业经营绩效。蔡莉、单标安、周立媛（2010）将企业经营绩效分为盈利性和成长性两个维度。杨伟等（2011）运用销售利润率衡量企业经营绩效。王铁男（2012）将企业经营绩效分为每股收益及总资产收益率两个维度。苏中锋（2014）将企业经营绩效分为销售增长、现金流状况、利润增长、销售回报率、资产回报率、企业运作效率、市场份额的增长和投资回报率几个维度。杨娟（2014）将企业经营绩效分为总资产收益率和净资产收益率两个财务指标。刘爱玲（2015）将企业经营绩效分为盈利和发展两个维度，其中，企业发展能力又分为销售增长率、总资产增长率及净利润增长率三个维度，企业盈利能力又分为成本费用利润率、总资产报酬率及基本每股收益三个维度。吴晓波（2015）采用销售收入、市场份额、投资收益和税前及税后利润等作为企业经营绩效的衡量指标。阎叙瑞（2019）将企业经营绩效分为盈利能力、运营能力、偿债能力和发展能力四个维度。周煜慧（2020）将企业经营绩效分为盈利、偿债、成长和运营四个维度。江恬、陈欢（2020）将经营绩效分为营运能力、盈利能力、收现能力、偿债能力和发展能力五个维度。

  对经营绩效的测量，已有相关文献主要包含三种视角：一是基于财务视角的经营绩效测量，这类研究认为产品销售收入、行业利润和经营成本是衡量经营绩效的主要指标，新产品销售收入越多，企业技术创新的成功率越高，说明企业的创新能力越强；二是基于成长视角的经营绩效测量，这类研究认为R&D（科学研究与试验发展）投入是衡量创新绩效的主要指标，R&D投入越多，企业的研发强度越强，说明企业的创新能力越强；三是基于创新视角的经营绩效测量，这类研究认为专利数量是衡量创新绩效的主要指标，专利数量越多，企业的创新活动越频繁，说明企业的创新能力越强。本章借鉴了Gregory等（1996），Chrisman等（1998），Covin和Slevin（1991），Bostjan等（2001），Venkataraman（1997），Chandler和Hanks（1994），Cooper等（2009），蔡莉等（2010），杨伟等（2011），王铁男（2012），苏中锋（2014），杨娟（2014），刘爱玲（2015），吴晓波（2015），阎叙瑞（2019），周煜慧（2020）及江恬和陈欢（2020）关于经营绩效的测量，结合已有研究和案例分析，进一步理解和深化变量内涵，通过与相关领域专家进行探讨，多次修改和完善量表直至意见达成一致。本章将经营绩效划分为财务绩效、成长绩效和创新绩效三个测量指标，最终得到经营绩效能力的测量量表，如表3-4所示。

表3-4 经营绩效（OP）测量题项表

维度	题号	题项	依据或来源
财务绩效（OP1）	D1	近三年企业的营业收入增长率高于行业水平	Gregory等（1996），Chrisman等（1998），Covin和Slevin（1991），Bostjan等（2001），Venkataraman（1997），Chandler和Hanks（1994），Cooper等（2009），蔡莉等（2010），杨伟等（2011），王铁男（2012），苏中锋（2014），杨娟（2014），刘爱玲（2015），吴晓波（2015），阎叙瑞（2019），周煜慧（2020）及江恬和陈欢（2020）
	D2	近三年企业的利润率高于行业水平	
	D3	近三年企业的经营成本低于主要竞争对手	
成长绩效（OP2）	D4	与同行业相比，近三年企业的用户满意度很高	
	D5	与同行业相比，近三年企业的用户忠诚度很高	
	D6	近三年企业的市场占有率比主要竞争对手高	
创新绩效（OP3）	D7	与同行业相比，近三年企业的产品更加适应市场的需求	
	D8	企业有相当高的利润来自新开发的产品和服务	

3.4 信度与效度测试

根据研究模型与假设检验的需要，本书采用统计软件 SPSS 24.0 和 AMOS 24.0 进行数据分析和实证检验，主要采用信度分析与效度分析检验量表。

信度反映检测结果的内部一致性和稳定性。信度分析是一种度量综合评价体系稳定性和可靠性的有效的分析方法。张虎、田茂峰（2007）将信度运用于心理测试中，测验人的能力、人格和技能等的稳定性。张立军等（2012）运用信度分析方法，测度五种综合评价模型的相对信度。张立军、彭浩（2016）针对科技成果评价模型及评审专家的可靠性问题，运用信度分析方法进行测度。

本书的信度分析主要是对量表的内部一致性系数进行检验。最常用的内在信度系数为 Cronbach's Alpha 系数。一般来说，Cronbach's Alpha 系数在 0.7 以上，即认为量表具有较高的内在一致性；如果 Cronbach's Alpha 系数为 0.5，即可接受信度较低；Cronbach's Alpha 系数为 0.35，即为低信度水平。普遍认为 Cronbach's Alpha 系数达到 0.7 以上，即为理想水平。本书采用 Cronbach's Alpha 系数检验量表信度。

效度是指测量题项的有效性程度，即测量工具能测出其所有变量特质的程度。本书所用测量工具均改编或借鉴已有成熟量表，因而测量的内容效度能够得到保证。孙晓军、周宗奎（2005）针对探索性因子分析的基本原理进行了详细论述，对其基本过程、发生机制进行了阐述，并总结了其在教育和心理等领域中的应用。江洪等（2017）基于探索性因子分析法，研究技术机会识别对企业技术创新的影响。本书采用探索性因子分析（EFA）、KMO 和 Barlett 球形检验方法，EFA 分析的目的在于确认量表因素结构或一组变量的模型，需要考虑并决定因素或构念的选择个数，以及因素负荷量的组型如何。

3.4.1 信度分析

信度是用来衡量结果的真实性和可靠性的，一般信度值越大，表明问卷调查的结果越可靠。问卷调查中常用的是 Cronbach's Alpha 系数法，通过测算 Cronbach's Alpha 系数反映数据结果，Cronbach's Alpha 系数与数据的可信度关系如表 3-5 所示。

表 3-5 信度检验

序号	Cronbach's Alpha 值范围	可信度
1	0.60～0.65	数据最好不予采用
2	0.65～0.70	数据可以接受
3	0.70～0.80	数据相当好
4	0.80～0.90	数据非常好

由表 3-6 可知，技术创新和经营绩效的 Cronbach's Alpha 系数分别为 0.768 和 0.782，Cronbach's Alpha 系数在 0.70～0.80，可知技术创新和经营绩效的调查问卷数据相当好；管理创新和用户体验的 Cronbach's Alpha 系数分别为 0.806 和 0.817，Cronbach's Alpha 系数在 0.80～0.90，可知管理创新和用户体验的调查问卷数据非常好。检验结果表明本次问卷关于智能化背景下互联网企业技术创新对经营绩效的影响信度检验结果信度较高。

表 3-6 量表的 Cronbach's Alpha 信度

维度	题号	项已删除的 Cronbach's Alpha	Cronbach's Alpha
技术创新	A1	0.727	0.768
	A2	0.721	
	A3	0.727	
	A4	0.738	
	A5	0.720	
	A6	0.734	
	A7	0.720	
	A8	0.740	
	A9	0.725	
	A10	0.724	
	A11	0.733	

续表

维度	题号	项已删除的 Cronbach's Alpha	Cronbach's Alpha
管理创新	B1	0.793	0.806
	B2	0.794	
	B3	0.794	
	B4	0.800	
	B5	0.799	
	B6	0.798	
	B7	0.795	
	B8	0.793	
	B9	0.794	
	B10	0.797	
	B11	0.795	
	B12	0.793	
	B13	0.797	
	B14	0.798	
	B15	0.797	
	B16	0.800	
用户体验	C1	0.805	0.817
	C2	0.808	
	C3	0.806	
	C4	0.807	
	C5	0.804	
	C6	0.804	
	C7	0.803	
	C8	0.811	
	C9	0.806	
	C10	0.805	
	C11	0.803	
	C12	0.803	
	C13	0.801	
	C14	0.805	

续表

维度	题号	项已删除的 Cronbach's Alpha	Cronbach's Alpha
经营绩效	D1	0.744	0.782
	D2	0.749	
	D3	0.757	
	D4	0.748	
	D5	0.754	
	D6	0.745	
	D7	0.758	
	D8	0.760	

3.4.2 效度分析

对问卷调查的数据进行效度分析，是检验与衡量问卷调查的结果能否准确地反映调查的目的和要求，以判断结果的准确性程度。检验出来的效度越高，说明数据结果越能准确地显示项目所要检验的特征，反之越低。

（1）KMO 和 Bartlett 球形检验。

由表 3-7 可知，技术创新量表、管理创新量表、用户体验量表和经营绩效量表的 KMO 度量值分别为 0.824、0.842、0.866 和 0.780，均大于 0.7，说明技术创新量表、管理创新量表、用户体验量表和经营绩效量表数据非常适合进行因子分析。它们的 Bartlett 球形检验近似卡方值分别为 374.869、682.798、643.848 和 215.893，自由度分别为 55、120、91 和 28，P 值显著性水平均为 0.000，小于 0.01，通过了显著水平为 1% 的显著性检验。由此可知，技术创新量表、管理创新量表、用户体验量表和经营绩效量表数据非常适合进行因子分析。

表 3-7 KMO 和 Bartlett 球形检验结果

技术创新量表	KMO		0.824
	Bartlett 球形检验	近似卡方	374.869
		自由度	55
		显著性水平	0.000

续表

管理创新量表	KMO		0.842
	Bartlett 球形检验	近似卡方	682.798
		自由度	120
		显著性水平	0.000
用户体验量表	KMO		0.866
	Bartlett 球形检验	近似卡方	643.848
		自由度	91
		显著性水平	0.000
经营绩效量表	KMO		0.780
	Bartlett 球形检验	近似卡方	215.893
		自由度	28
		显著性水平	0.000

（2）探索性因子分析（EFA）。

由表3-8技术创新测量量表的探索性因子分析结果可知，初始特征值大于1的因子一共有3个，累计方差贡献率为76.541%，说明11个题项提取的3个因子对于原始数据的解释度较为理想。其中，因子1的方差贡献率为38.298%，因子2的方差贡献率为25.037%，因子3的方差贡献率为13.206%。根据成分旋转矩阵可以判断其各个题项的因子归属。其中，TI1、TI2、TI3这3个题项属于因子1，其因子载荷均大于0.7，根据其题项内容将其命名为"技术创新支持"；TI4、TI5、TI6、TI7、TI8这5个题项属于因子2，其因子载荷均大于0.7，根据其题项内容将其命名为"技术创新文化"；TI9、TI10、TI11这3个题项属于因子3，其因子载荷均大于0.7，根据其题项内容将其命名为"技术创新产出"。

表 3-8　技术创新测量量表的探索性因子分析结果

维度	题项	旋转后因子载荷 因子1	旋转后因子载荷 因子2	旋转后因子载荷 因子3	方差贡献率 /%
技术创新支持	TI1	0.740			38.298
	TI2	0.703			
	TI3	0.776			
技术创新文化	TI4		0.713		25.037
	TI5		0.701		
	TI6		0.715		
	TI7		0.737		
	TI8		0.744		
技术创新产出	TI9			0.766	13.206
	TI10			0.785	
	TI11			0.713	
总方差贡献率					76.541

由表 3-9 管理创新测量量表的探索性因子分析结果可知，初始特征值大于 1 的因子一共有 4 个，累计方差贡献率为 77.872%，说明 16 个题项提取的 4 个因子对于原始数据的解释度较为理想。其中，因子 1 的方差贡献率为 33.793%，因子 2 的方差贡献率为 21.906%，因子 3 的方差贡献率为 16.122%，因子 4 的方差贡献率为 6.051%。根据成分旋转矩阵可以判断其各个题项的因子归属。其中，MI1、MI2、MI3、MI4 这 4 个题项属于因子 1，其因子载荷均大于 0.7，根据其题项内容将其命名为"资源整合创新"；MI5、MI6、MI7、MI8、MI9、MI10、MI11 这 7 个题项属于因子 2，其因子载荷均大于 0.7，根据其题项内容将其命名为"资源配置创新"；MI12、MI13、MI14 这 3 个题项属于因子 3，其因子载荷均大于 0.7，根据其题项内容将其命名为"资源重构创新"；MI15、MI16 这 2 个题项属于因子 4，其因子载荷均大于 0.7，根据其题项内容将其命名为"借助外部资源"。

表 3-9 管理创新测量量表的探索性因子分析结果

维度	题项	旋转后因子载荷				方差贡献率/%
		因子1	因子2	因子3	因子4	
资源整合创新	MI1	0.726				33.793
	MI2	0.787				
	MI3	0.742				
	MI4	0.717				
资源配置创新	MI5		0.745			21.906
	MI6		0.764			
	MI7		0.717			
	MI8		0.769			
	MI9		0.727			
	MI10		0.772			
	MI11		0.753			
资源重构创新	MI12			0.747		16.122
	MI13			0.723		
	MI14			0.790		
借助外部资源	MI15				0.770	6.051
	MI16				0.737	
总方差贡献率						77.872

由表 3-10 用户体验测量量表的探索性因子分析结果可知，初始特征值大于 1 的因子一共有 4 个，累计方差贡献率为 71.152%，说明 14 个题项提取的 4 个因子对于原始数据的解释度较为理想。其中，因子 1 的方差贡献率为 29.900%，因子 2 的方差贡献率为 24.069%，因子 3 的方差贡献率为 12.102%，因子 4 的方差贡献率为 5.081%。根据成分旋转矩阵可以判断其各个题项的因子归属。其中，UE1、UE2、UE3 这 3 个题项属于因子 1，其因子载荷均大于 0.7，根据其题项内容将其命名为"感官体验"；UE4、UE5、UE6 这 3 个

题项属于因子 2，其因子载荷均大于 0.7，根据其题项内容将其命名为"内容体验"；UE7、UE8、UE9、UE10 这 4 个题项属于因子 3，其因子载荷均大于 0.7，根据其题项内容将其命名为"功能体验"；UE11、UE12、UE13、UE14 这 4 个题项属于因子 4，其因子载荷均大于 0.7，根据其题项内容将其命名为"价值体验"。

表 3-10　用户体验测量量表的探索性因子分析结果

维度	题项	旋转后因子载荷				方差贡献率/%
		因子1	因子2	因子3	因子4	
感官体验	UE1	0.709				
	UE2	0.728				29.900
	UE3	0.703				
内容体验	UE4		0.731			
	UE5		0.703			24.069
	UE6		0.773			
功能体验	UE7			0.776		
	UE8			0.766		
	UE9			0.753		12.102
	UE10			0.756		
价值体验	UE11				0.799	
	UE12				0.781	
	UE13				0.808	5.081
	UE14				0.773	
总方差贡献率						71.152

由表 3-11 经营绩效测量量表的探索性因子分析结果可知，初始特征值大于 1 的因子一共有 3 个，累计方差贡献率为 75.048%，说明 8 个题项提取的 3 个因子对于原始数据的解释度较为理想。其中，因子 1 的方差贡献率为 30.603%，因子 2 的方差贡献率为 27.268%，因子 3 的方差贡献率为 17.177%。

根据成分旋转矩阵可以判断其各个题项的因子归属。其中，OP1、OP2、OP3 这 3 个题项属于因子 1，其因子载荷均大于 0.7，根据其题项内容将其命名为"财务绩效"；OP4、OP5、OP6 这 3 个题项属于因子 2，其因子载荷均大于 0.7，根据其题项内容将其命名为"成长绩效"；OP7、OP8 这 2 个题项属于因子 3，其因子载荷均大于 0.7，根据其题项内容将其命名为"创新绩效"。

表 3-11　经营绩效测量量表的探索性因子分析结果

维度	题项	因子 1	因子 2	因子 3	方差贡献率 /%
财务绩效	OP1	0.766			30.603
	OP2	0.735			
	OP3	0.781			
成长绩效	OP4		0.773		27.268
	OP5		0.763		
	OP6		0.774		
创新绩效	OP7			0.723	17.177
	OP8			0.792	
总方差贡献率					75.048

（3）验证性因子分析（CFA）。

验证性因子分析（Confirmatory Factor Analysis，CFA）是对社会调查数据进行的一种统计分析。它测试一个因子与相对应的测度项之间的关系是否符合研究者所设计的理论关系。验证性因子分析往往通过结构方程建模测试。在实际科研中，验证性因子分析的过程也就是测度模型的检验过程。验证性因子分析分为结构效度、聚敛效度和区分效度。

①结构效度。

由表 3-12 可知，X^2/df 的值为 1.516，小于 3，适配理想；RMSEA（近似误差的平方根）为 0.045，小于 0.05，适配理想；CFI、IFI 和 TLI 分别为 0.985、0.989 和 0.975，结果适配理想；综合来看，技术创新、管理创新、用户体验和经营绩效的整体模型适配良好。

表 3-12　整体拟合系数表

X2/df	RMSEA	CFI	IFI	TLI
1.516	0.045	0.985	0.989	0.975

②聚敛效度。

由表 3-13 可知，技术创新、管理创新、用户体验和经营绩效等各个变量对应各个题目的因子载荷大部分大于 0.5，说明其各个潜变量对应所属题目具有很高的代表性。另外，各个潜变量的平均方差变异（AVE）均大于 0.5，且组合信度（CR）均大于 0.8，说明聚敛效度理想。

表 3-13　因子载荷

路径			估计系数	AVE	CR
TI1	←	技术创新	0.544		
TI2	←	技术创新	0.607		
TI3	←	技术创新	0.597		
TI4	←	技术创新	0.520		
TI5	←	技术创新	0.640		
TI6	←	技术创新	0.505	0.517	0.835
TI7	←	技术创新	0.622		
TI8	←	技术创新	0.484		
TI9	←	技术创新	0.504		
TI10	←	技术创新	0.568		
TI11	←	技术创新	0.576		
MI1	←	管理创新	0.537		
MI2	←	管理创新	0.538	0.508	0.869
MI3	←	管理创新	0.534		

续表

路径			估计系数	AVE	CR
MI4	←	管理创新	0.527		
MI5	←	管理创新	0.590		
MI6	←	管理创新	0.573		
MI7	←	管理创新	0.552		
MI8	←	管理创新	0.580		
MI9	←	管理创新	0.587		
MI10	←	管理创新	0.569	0.508	0.869
MI11	←	管理创新	0.524		
MI12	←	管理创新	0.525		
MI13	←	管理创新	0.485		
MI14	←	管理创新	0.584		
MI15	←	管理创新	0.575		
MI16	←	管理创新	0.513		
UE1	←	用户体验	0.594		
UE2	←	用户体验	0.586		
UE3	←	用户体验	0.589		
UE4	←	用户体验	0.594		
UE5	←	用户体验	0.603		
UE6	←	用户体验	0.594		
UE7	←	用户体验	0.606	0.542	0.879
UE8	←	用户体验	0.493		
UE9	←	用户体验	0.545		
UE10	←	用户体验	0.617		
UE11	←	用户体验	0.627		
UE12	←	用户体验	0.543		
UE13	←	用户体验	0.571		
UE14	←	用户体验	0.606		

续表

路径			估计系数	AVE	CR
OP1	←	经营绩效	0.594		
OP2	←	经营绩效	0.572		
OP3	←	经营绩效	0.495		
OP4	←	经营绩效	0.559	0.512	0.806
OP5	←	经营绩效	0.546		
OP6	←	经营绩效	0.594		
OP7	←	经营绩效	0.574		
OP8	←	经营绩效	0.537		

③区分效度。

由表 3-14 可知，技术创新、管理创新、用户体验和经营绩效之间均具有显著的相关性（P<0.01）。另外，相关系数绝对值大于 0.5，且均小于所对应的 AVE 的平方根，说明各个潜变量之间具有一定的相关性，且彼此之间又具有一定的区分度，量表数据的区分效度理想。

表 3-14 区分效度

	技术创新	管理创新	用户体验	经营绩效
技术创新	0.517	—	—	—
管理创新	0.670***	0.508	—	—
用户体验	0.671***	0.687***	0.542	—
经营绩效	0.548***	0.524***	0.589***	0.512
AVE 的平方根	0.719	0.713	0.736	0.716

注：*** 代表 P 值小于 0.01，对角线为 AVE 评价方差变异抽取量。

3.5 数据采集过程

本书的目的是探索智能化背景下互联网企业技术创新和管理创新对企业经营绩效的影响，我国互联网企业的数据并不能完全满足本书的需要，因此采用问卷调查法进行实证研究。本书遴选的研究对象为我国智能化比较发达地区的互联网企业。在问卷设计的初始阶段，详细梳理技术创新、管理创新和用户体验与企业经营绩效的相关研究，借鉴以往学者的测量指标及量表题项，根据前期的文献搜集情况，结合本书的研究目的，最终形成初始问卷。

问卷设计旨在反映调查目的，协助达到调查目标和对理论知识的检验，能正确记录和反映被访者回答问题的事实，且便于资料的统计和整理。为了使调查对象对调研问卷的内容做出更直观的选择和判断，本书采用李克特五级量表，对题项进行赞同程度的划分。共分为五个等级，其中，1=完全不符合；2=不太符合；3=基本符合；4=比较符合；5=完全符合。在测量题项设计时避免采用涉及隐私等问题的题项，并承诺相关的数据仅用于学术研究，不会用于商业中，同时承诺采用不记名的方式回收数据。

本书所采用的调查数据主要通过网上直接填写，直接将网址发给符合条件的国内互联网企业，填写者通过微信直接在网上进行问卷填写，提交后问卷结果会直接保存在服务器中。

问卷样本的填写者主要是符合条件的历届 MBA 或 DBA 学员及企业管理者，这些调查对象代表的都是我国智能化比较发达地区的互联网企业。

由于本书的研究对象是智能化背景下的互联网企业，所以为了确保样本的全面性，本调查考虑了受访企业的特征与问卷填写对象的特征，测量内容包括企业性质、企业所在地区、员工人数、企业经营年限、企业总资产等信息。

3.6 数据分析方法

本书研究采用 SPSS 24.0 和 AMOS 24.0 统计软件作为分析工具，采用的方法包括描述性统计分析、变量信度和效度分析、典型相关性分析、因子分析、多元线性回归分析等方法。

3.6.1 描述性统计分析

描述性统计是指运用制表、分类及计算概括性数据描述数据特征的各项活动。描述性统计分析要对调查总体所有变量的有关数据进行统计性描述。在做数据分析的时候，首先要对数据进行描述性统计分析，以便于描述测量样本的各种特征、其所代表的总体特征，发现其数据的内在规律，再选择进一步分析的方法。描述性统计分析主要是对样本数据进行总体情况分析，主要包含调查对象所属企业的区域分布、企业性质、企业存续时间、企业行业归属、企业人员规模等，用来分析回收的样本数据是否符合研究的要求。

3.6.2 变量信度和效度分析

本书采用小样本问卷设计与分析，应用大样本调查收集到的数据进行信度分析，计划采用信度和效度分析评价方法确定各个题项及量表的一致性和信度。

（1）信度分析。

信度可以分为内在信度和外在信度两种，内在信度是指调查问卷的一组问题或整个调查表测量的是否是同一个概念；外在信度是指不同时间进行测量时调查或考试结果的一致性程度，一般以重复测量信度代表外在信度，即不同时间对同一对象反复测量所得结果的一致性程度。

（2）效度分析。

常用的效度可分为内容效度和结构效度。对于内容效度，本书研究所用的测量工具均改编或借鉴已有的成熟量表，同时咨询专家，确保量表具有较高的内容效度。结构效度主要采用因子分析，检验各个变量是否有足够的区分效度和收敛效度。Kaise 和 Rice（1974）提出了 KMO 指标判断标准，KMO 值在 0.9 以上，说明非常适合因子分析；KMO 值在 0.8～0.9 之间，说明很适合因子分析；KMO 值在 0.7～0.8 之间，说明适合因子分析；KMO 值在 0.6～0.7 之间，说明不太适合因子分析；KMO 值在 0.5～0.6 之间，说明勉强适合因子分析，KMO 值 < 0.5，说明不适合因子分析。通常来说，KMO 值处于 0～1 之间，且 0.5 以上，效度即可接受。关于收敛效度，通过在量表中提取公因子的方法，用因子载荷反映公因子对量表的相关程度。Kerlinger（1986）指出，在因子分析中，因子负荷值越大，收敛效度就越高。一般来

说，因子负荷要在 0.5 以上。

3.6.3 典型相关性分析

相关性分析是一种用于研究两个或两个以上处于同等地位的变量间的相关关系的统计分析方法，主要侧重于发现变量间的种种相关特性。通过相关性分析，可以发现两个或两个以上的变量之间的相关水平。在相关性分析中，本书主要采用皮尔逊相关系数对两组变量之间的相关性进行判断。皮尔逊相关系数处于 $-1 \sim 1$ 之间，相关系数的绝对值越接近 1，表示两个变量的相关关系越强；相关系数的绝对值越接近零，则表示两个变量的相关关系越弱。当相关系数大于零时，表示两个变量之间是正相关关系，即两个变量的变化方向相同；当相关系数小于零时，表示两个变量之间是负相关关系，即两个变量的变化方向相反。常用的相关性分析方法只能研究两个变量之间的相关关系，而典型相关性分析可以研究两组变量之间的相关关系。基于主成分分析降维的思想，典型相关性分析分别从两组变量中提取主成分，从同一组内部提取的主成分之间的相关性很小，而两组变量提取的主成分之间的相关性很大，两组变量整体的线性相关关系用两组提取的主成分的相关性来描述，即典型相关性分析。1936 年，霍特林第一次提出了典型相关性分析的思想，但是典型相关性分析方法计算量大、耗时长。随着计算机技术和性能的提高，典型相关性分析在应用中出现的计算方面的困难已经解决了，其已经成为普遍应用的两组变量之间相关性分析的方法。通过相关性分析，发现两个（组）或两个（组）以上的变量之间的相关水平。

3.6.4 因子分析

因子分析分为探索性因子分析和验证性因子分析。本书主要应用探索性因子分析，亦称为因子分析。探索性因子分析的主要目的是降维，是一种将具有复杂相关关系的变量归结为少数几个综合因子的多元统计分析方法。探索性因子分析的出发点是原始变量相关矩阵内部的相关关系。1904 年，Charles Spearman 在对学生考试成绩的研究过程中第一次运用了因子分析的方法。近年来，随着计算机技术的快速发展，在大数据背景下，在管理学、心理学、经济学、医学、地质学、气象学等领域均有成功应用因子分析模型的案例。因子分析的基本逻辑：根据变量之间的相关性进行变量分类，将相关性较大的变量分为一类，不同类变量间的相关性较低。每类变量代表一个基本结构，并用一个隐变量表示。这个隐变量具有不可观测性，被称为公共因子。针对所研究的具体问题，原始变量 X 可以分解为 X1 与 X2 之和，即 X=X1+X2，其中，X1 为向量，是少数几个不可观测的公共因子；X2 为数量，是与公共因子无关的特殊因子。赵慧琴、朱建平（2019）针对已有因子分析算法存在的不足和局限性对其进行了改进和优化。刘照德等（2019）深入研究了因子分析方法存在的问题及起因。林海明等（2019）针对已有因子分析存在的不足提出了新模型。

3.6.5 多元线性回归分析

多元线性回归分析研究的是一个因变量与多个自变量之间的关系。即在相关变量中将一个变量作为因变量，其他变量作为自变量，建立多个变量之间的数学模型数量关系式，并利用样本数据进行分析的一种统计分析方法。

本书进行多元线性回归分析是为了研究自变量和中介变量对因变量的影响程度，根据回归分析结果，得出各个自变量对目标变量产生的影响，因此，需要求出各个自变量的影响程度。此外，还可以通过比较两个回归模型之间的解释贡献率是否增加或减少，来判断模型的拟合程度。如果一个回归模型的解释贡献值增加，那么该模型的拟合效果变好。

3.7 道德考量

第一，基于研究问题与样本数据的匹配，本书采用的样本数据均通过调查问卷的方式获得，并且量表的设计中不存在需要保密的信息。为保证数据可靠有效，本书对调查获得的数据进行了信度和效度分析。在此基础上，运用因子分析和多元线性回归分析方法对技术创新、管理创新、用户体验与经营绩效关系进行了实证检验。

第二，道德考量要求所使用的方法也与研究问题直接相关，经检验，本书研究的结论与提出的问题和所得的结果具有相关性。

第三，受访者应在知情同意的基础上参与。知情同意原则包括研究人员提供充分的信息和参与的保证，使个人能够理解参与的含义，并在不施加任何压力或胁迫的情况下，就是否参与做出充分知情、经过考虑和自由的决定。

第四，受访者的自愿参与很重要，受访者有权在任何阶段退出研究；同时充分考虑到受访者的隐私，调查问卷采用匿名方式获取调查数据。

第五，在编制问卷/面谈/焦点小组问题时，需要避免使用具有攻击性、歧视性或其他不可接受的语言。

第六，在整个研究过程中，本书始终恪守道德、诚信的准则并做到透明公开。研究设计只回答特定的学术研究问题，在调查问卷首页明确指出调查所获得的数据用途并承诺严格保密。以下为调查问卷中的承诺："×××正在做毕业论文撰写工作，需要搜集数据进行定量研究。我们承诺本次问卷调查仅供学术研究专用，不涉及任何商业用途，我们对您填写的内容将严格保密。"因此，本书是符合学术道德规范的。

结论

第一，本章阐述了本书的研究方法，包含文献研究法、调查问卷法、案例分析法和定量实证研究法。第二，阐述了调查问卷的测量题项设计方法和具体设计。本书主要借鉴国内外已经成熟的量表，并根据本书的实际需要，对量表进行适当的修改，以符合研究需要。本书共设计了49个题项，包括技术创新（3个因子，11个题项）、管理创新（4个因子，16个题项）、用户体验（4个因子，14个题项）和经营绩效（3个因子，8个题项）。第三，开展信度和效度分析。对4个变量及14个因子开展信度和效度测试，测试结果显示所有的变量与因子均符合信度和效度要求。第四，阐述了数据采样过程及样本数据的具体分布。本书所采用的调查数据通过"问卷星"和微信朋友圈以不记名的方式向目标对象发放问卷调查的方式获取。共获得 402 份有效问卷，并阐述了问卷的区域来源、企业性质、被调查者的角色、企业的年龄和人员规模等统计信息。从调查反馈的结果来看，采样的数据符合本书的要求。第五，指出数据统计研究方法，包括采用的是 SPSS2 4.0 和 AMOS 24.0 等统计软件作为分析工具，采用的方法包括描述性统计分析、变量信度和效度分析、典型相关性分析、因子分析、多元线性回归分析。第六，对道德考量进行阐述。在整个研究过程中，始终恪守道德、诚信的准则并做到透明公开，使用的研究方法与研究问题直接相关，并采用匿名方式获取调查数据以充分保护受访者的隐私。

第4章 CHAPTER4

发现与探讨

　　第3章以量表设计形成问卷，通过问卷的填写产生问卷数据。本章在第3章问卷的效度和信度检验的基础上，对问卷的数据进一步分析，验证研究假设的准确性。

　　首先，本章对问卷的受访者进行介绍，具体包括受访者所在的企业性质、企业所在地区、员工人数、企业经营年限、企业总资产等信息，对问卷结果进行大致的介绍。

　　其次，对本书研究模型中的假设关系进行具体的模型检验。这些关系模型包括：技术创新与用户体验的关系模型检验、管理创新与用户体验的关系模型检验、技术创新与企业经营绩效的关系模型检验、管理创新与企业经营绩效的关系模型检验、用户体验与企业经营绩效的关系模型检验、用户体验在技术创新与企业经营绩效之间的中介作用模型检验、用户体验在管理创新与企业经营绩效之间的中介作用模型检验。

　　最后，通过对这些关系进行相关分析和回归分析，验证假设的准确性，并进行文献综述理论和研究发现的论述。

　　通过相关分析和回归分析得知本书的假设全部成立。这证实了前文的研究模型，为本书的理论研究提供实证支撑，丰富了现有研究的内容。

4.1 受访者概要

本次问卷调查的受访者主要是互联网行业的技术人员及各级管理者,在样本企业选取时主要目标对象为广东省、江苏省、浙江省、北京市和上海市等智能化较发达地区的互联网企业,并且将企业规模、企业性质及企业年限等作为参考要素。

4.1.1 样本基本情况描述

(1)从样本结构来看,本次调查总共收到来自12个省(直辖市、特别行政区)的调查问卷共436份,剔除填写不完整或者具有明显错误的无效问卷,得到有效调查问卷402份,其中广东省、江苏省、浙江省、北京市和上海市位居前五位,合计占比为90.30%,这些地区都是我国智能化较发达的地区,如表4-1所示。

表4-1 调查对象来源

来源	样本数	比例 /%
广东省	135	33.58
江苏省	96	23.88
浙江省	66	16.42
北京市	39	9.70
上海市	27	6.72
其他地区	39	9.70
合计	402	100.00

(2)问卷调查对象覆盖企业的高层、中层、基层管理者和一般员工,其中高层管理者占比为27.86%,中层管理者占比为21.39%,基层管理者占比为23.38%,一般员工占比为27.37%,如表4-2所示。

(3)从企业性质来看,49.50%为民营企业,国有企业占比为26.12%,中外合作/中外合资/外商独资占比为24.38%,基本覆盖了主要的互联网企业的企业类型,如表4-3所示。

表 4-2 调查对象职务占比

选项	小计	比例 /%
高层管理者	112	27.86
中层管理者	86	21.39
基层管理者	94	23.38
一般员工	110	27.37
合计	402	100

表 4-3 企业性质占比

选项	小计	比例 /%
国有企业	105	26.12
民营企业	199	49.50
中外合作/中外合资/外商独资	98	24.38
合计	402	100.00

（4）从企业成立时间来看，成立 10 年以上的企业占 40.80%，成立 5～10 年的企业占 15.42%，成立 3～5 年的企业占 17.16%，成立 1～3 年的企业占 16.17%，成立不足 1 年的企业占 10.45%，如表 4-4 所示。

表 4-4 企业成立时间占比

选项	样本数	占比 /%
1 年以下	42	10.45
1～3 年	65	16.17
3～5 年	69	17.16
5～10 年	62	15.42
10 年以上	164	40.80
合计	402	100

（5）从被调查对象在该企业的工作年限来看，工作年限在 1 年以内的占比为 21.89%，工作年限在 1~3 年的占比为 19.40%，工作年限在 3~5 年的占比为 21.39%，工作年限在 5 年以上的占比为 37.32%，如表 4-5 所示。

表 4-5　被调查对象在该企业的工作年限占比

选项	样本数	占比 /%
1 年以内	88	21.89
1~3 年	78	19.40
3~5 年	86	21.39
5 年以上	150	37.32
合计	402	100

（6）从企业经营规模来看，偏大型的企业占比为 19.15%，大型的企业占比为 18.66%，中型的企业占比为 25.37%，偏小型的企业占比为 13.18%，小型的企业占比为 23.64%，如表 4-6 所示。

表 4-6　企业经营规模占比

选项	样本数	占比 /%
偏大型	77	19.15
大型	75	18.66
中型	102	25.37
偏小型	53	13.18
小型	95	23.64
合计	402	100

4.1.2　变量描述性统计分析

在对调查数据进行假设检验结论之前，需要对各变量及其维度数据进行描述性统计分析。下面对来自 402 份有效问卷中技术创新、管理创新、用户体验和经营绩效这四个变量的样本数据进行描述性统计分析，结果如表 4-7 所示。

表 4-7　各变量的样本数据描述性统计分析

变量	维度	样本数	极小值	极大值	均值	标准差	方差
技术创新	技术创新支持	402	1.000	5.000	3.046	0.941	0.886
	技术创新文化	402	1.000	5.000	3.104	0.739	0.545
	技术创新产出	402	1.000	5.000	2.948	0.903	0.816
管理创新	资源整合创新	402	1.000	5.000	3.047	0.816	0.666
	资源配置创新	402	1.000	5.000	3.151	0.723	0.523
	资源重构创新	402	1.000	5.000	3.116	0.877	0.770
	借助外部资源	402	1.000	5.000	2.961	1.034	1.069
用户体验	感官体验	402	1.000	5.000	3.161	0.859	0.738
	内容体验	402	1.000	5.000	3.004	0.857	0.734
	功能体验	402	1.000	5.000	3.086	0.803	0.645
	价值体验	402	1.000	5.000	3.020	0.847	0.717
经营绩效	财务绩效	402	1.000	5.000	3.069	0.894	0.799
	成长绩效	402	1.000	5.000	3.035	0.840	0.706
	创新绩效	402	1.000	5.000	3.000	0.967	0.935

4.2　研究目标 1（R.O.1）：技术创新对互联网企业经营绩效的影响

本小节根据实证研究和已有文献及相关的技术创新和企业经营绩效理论论述，探究技术创新与企业经营绩效的关系模型。

4.2.1　分析

本书将技术创新（TI）细分为技术创新支持（TI1）、技术创新文化（TI2）和技术创新产出（TI3）三个维度，将经营绩效（OP）细分为财务绩效（OP1）、成长绩效（OP2）和创新绩效（OP3）三个维度，利用 402 份调查问卷有效样本数据实证研究技术创新与互联网企业经营绩效的关系。

由表 4-8 可知，技术创新与经营绩效之间的相关系数达到 0.748，即二者之间呈现显著正相关；技术创新与财务绩效、成长绩效和创新绩效三个维度之间的相关系数分别为 0.601、0.608 和 0.635，即二者之间分别呈现显著正相关；技术创新支持与经营绩效、财务绩效、成长绩效和创新绩效之间的相关系数分别为 0.531、0.458、0.393、0.421，即二者之间分别呈现显著正相关；技术创新文化与经营绩效、财务绩效、成长绩效和创新绩效之间的相关系数分别为 0.677、0.520、0.577、0.559，即二者之间分别呈现显著正相关；技术创新产出与经营绩效、财务绩效、成长绩效和创新绩效之间的相关系数分别为 0.648、0.530、0.487、0.539，即二者之间分别呈现显著正相关。相关分析的研究主要是为了刻画两类变量间线性相关的密切程度，而回归分析可以揭示自变量对因变量的影响大小，因此，为了考查技术创新与经营绩效之间的关系大小及因果关系，需要进一步做多元回归分析。

表 4-8 技术创新与经营绩效的相关分析结果

	TI	TI1	TI2	TI3	OP	OP1	OP2	OP3
TI	1							
TI1		1						
TI2			1					
TI3				1				
OP	0.748***	0.531***	0.677***	0.648***	1			
OP1	0.601***	0.458***	0.520***	0.530***		1		
OP2	0.608***	0.393**	0.577***	0.487***			1	
OP3	0.635***	0.421***	0.559***	0.539***				1

注：*** 表示 P<0.001；** 表示 P<0.01；* 表示 P<0.05。

技术创新与经营绩效的多元回归分析如表 4-9 所示，其中，模型 $R^2 = 0.382$，调整 $R^2 = 0.375$，F = 51.713，显著性水平 P = 0.000，小于 0.001。TI1 对 OP 回归不成立，P = 0.176（>0.05），假设 H1a 不成立；TI2 对 OP 回归成立，P = 0.000（<0.01），回归系数为 0.348，假设 H1b 成立；TI3 对 OP 回归成立，P = 0.000（<0.01），回归系数为 0.307，假设 H1c 成立。

表 4-9 技术创新对互联网企业经营绩效的多元回归分析结果

自变量	未标准化回归系数 B	标准误差	标准化回归系数	t	Sig.
C	1.142	0.159		7.169	0.000
TI1	0.060	0.044	0.081	1.358	0.176
TI2	0.328	0.060	0.348	5.489	0.000
TI3	0.236	0.046	0.307	5.193	0.000

4.2.2 结果

由表 4-9 的回归结果可知，回归模型三个自变量整体能解释总变异量的 38.20%，说明该多元回归模型的自变量解释程度较高。拟合优度检验得出 F 值为 51.713，在 0.01 的显著水平上通过检验，表明多元回归模型拟合较好。自变量技术创新支持对因变量经营绩效的标准化回归系数为 0.060，对应的显著性为 0.176，对应的显著性大于 0.05，说明技术创新对经营绩效没有显著的正向影响，假设 H1a 检验未通过。自变量技术创新文化对因变量经营绩效的标准化回归系数为 0.328，对应的显著性小于 0.05，说明技术创新文化对因变量经营绩效具有显著的正向影响，即技术创新文化越高，企业经营绩效会越好，假设 H1b 检验通过。自变量技术创新产出对因变量经营绩效的标准化回归系数为 0.236，对应的显著性小于 0.05，说明技术创新产出对因变量经营绩效具有显著的正向影响，即技术创新产出越高，企业经营绩效会越好，假设 H1c 检验通过。

4.2.3 探讨

通过技术创新与企业经营绩效的相关分析和多元回归分析证实了技术创新与经营绩效之间的关系。其中，技术创新的技术创新支持、技术创新文化和技术创新产出对经营绩效存在显著的正向影响。互联网企业在制定技术创新机制时要从技术创新支持、技术创新文化和技术创新产出三个方面着手。

(1) 假设。

假设 H1 技术创新与企业经营绩效呈显著正相关：成立。

假设 H1a 技术创新的支持维度与企业经营绩效呈显著正相关：成立。

假设 H1b 技术创新的文化维度与企业经营绩效呈显著正相关：成立。

假设 H1c 技术创新的产出政策与企业经营绩效呈显著正相关：成立。

(2) 文献综述理论。

根据已有相关文献及本书前面章节得出的结论，可知技术创新的强弱影响着企业经营绩效水平的高低，两者之间维持着显著正相关的关系。技术创新直接决定了互联网企业的技术选择，所选技术水平的高低决定了能否产出高水平的创新成果，并且技术创新以大数据为工具来刺激创新，致使以技术创新为导向的企业会更加积极地去寻找、发现、发展、获取并应用新的技术来影响创新活动。互联网企业技术创新导向的重要特质：企业既要具备较强的研发意识，还要在把握技术创新发展方向层面更具前瞻性，这两个特质可以满足互联网企业对技术的复杂性和前沿性的要求。在激烈的市场竞争中，互联网企业必须具备快速的应变能力，因为当企业的内外部环境发生变化时，企业可以对产品做出快速的调整以适应环境的变化，而技术创新可以增强互联网企业的应变能力。因此，在当今智能化背景下，互联网企业应该从企业发展战略层面着手，提高企业对技术创新的重视程度，从而实现企业经营绩效水平的提升。技术创新的途径很多，已有的研究结果主要包含三部分：①加大技术支持投入力度；②在企业内部营造良好的创新文化氛围；③不能仅仅依靠企业内部资源，一定要积极利用企业外部的创新资源。

(3) 前期研究的发现。

互联网企业想要在激烈的市场竞争中占据有利地位，需要充分利用自身的特质，如具有较高的灵活性和创新性，同时应该积极开拓眼界，了解当前相关领域最前沿的技术发展情况，利用前沿技术引领市场需求。企业应加大技术支持投入力度，提高技术研发经费支出。企业应提前制订本年度的技术创新预期目标，同时要参考上一年度研发支出水平，在此基础上做出本年度的研发预算。为保障技术创新所需的研发经费，企业在充分听取技术创新团队的专业意见基础上，充分评估技术创新的难度，根据评估的结果，列出研发经费的预算。在技术创新遇到难以攻克的技术时，应及时对研发经费预算做出调整，在企业的创新文化氛围中，企业能够通过知识共享及大胆实践形成技术发展的螺旋上升，从而不断增加企业的核心竞争能力与运作效率。为营造良好的企业创新文化氛围，企业应在各个方面做出改变，例如，企业应制定完备、高效的创新激励机制、鼓励员工分享自己的知识和信息，要持续深入地学习，同时要经常开展各种培训工作，并允许失败，提倡创新。一方面，对于失败要采取宽容的态度，允许失败，对于创新要采取鼓励的态度。在技术创新活动中，在企业内部形成一个足够宽松的创新环境。在这个环境中创新团队拥有足够的自主权，员工拥有足够的创新意愿。对于自己的想法和观点，员工可以自由地表达，会积极主动地参加创新活动。对于已有的创新成果，鼓励员工不要存在畏难情绪，要敢于超越，同时对于未知的领域要敢于探索和实践。企业领导者要认识到技术创新活动和新产品的研发不能保证万无一失或一帆风顺，技术创新具有很强的风险性，要允许失败，失败是成功之母，但是在技术创新的时候一定要做好风险评估的工作。另一方面，要鼓励员工分享信息和知识，坚持学习，同时对员工开展先进技术知识培训。同时，还要在企业内部建立起友好且自由的交流团队，确保团队内部之间、团队与企业其他部门之间、团队与其他企业的相关部门之间均可以进行充分、有效的学习和交流，这样可以保障信息和知识得到无障碍的共享。企业对员工要定期开展创造性思维的训练和相关先进技术知识的教育培训，这样做的原因是可以使员工时刻掌握最先进的技术知识，同时为今后的技术创新打好坚实的基础。如果研发人员在技术创新层面做出了重要贡献，企业应该给予足够的重视，并在物质奖励和非物质奖励两个层面对研发人员予以奖励，这样可以明确表达企业对创新理念的重视，还可以在一定程度上增强团队的创新意愿。创新人员能发挥作用的前提条件是既要具有适当的条件，还要有良好的技术创新氛围。

4.3 研究目标2（R.O.2）：管理创新对互联网企业经营绩效的影响

本小节根据实证研究和已有文献及相关的资源效率和制度环境理论论述，探究管理创新与企业经营绩效的关系模型。

4.3.1 分析

本书将管理创新细分资源整合创新、资源配置创新、资源重构创新和借助外部资源四个维度，利用402份调查问卷有效样本数据实证研究管理创新与企业经营绩效的相关分析结果，如表4-10所示。

表4-10 管理创新与企业经营绩效的相关分析结果

	MI	MI1	MI2	MI3	MI4	OP	OP1	OP2	OP3
MI	1								
MI1	—	1							
MI2	—	—	1						
MI3	—	—	—	1					
MI4	—	—	—	—	1				
OP	0.718***	0.544***	0.633***	0.453***	0.495***	1			
OP1	0.572***	0.410***	0.504***	0.336***	0.383***	—	1		
OP2	0.618***	0.463***	0.539***	0.392***	0.398***	—	—	1	
OP3	0.576***	0.403***	0.490***	0.327***	0.365***	—	—	—	1

注：*** 表示 $P<0.001$；** 表示 $P<0.01$；* 表示 $P<0.05$。

由表4-10可知，管理创新与经营绩效之间的相关系数达到0.718，即二者之间呈现显著正相关；管理创新与财务绩效、成长绩效和创新绩效三个维度之间的相关系数分别为0.572、0.618和0.576，即二者之间分别呈现显著正相关；资源整合创新与经营绩效、财务绩效、成长绩效和创新绩效之间的相关系数分别为0.544、0.410、0.463、0.403，即二者之间分别呈现显著正相关；资源配置创新与经营绩效、财务绩效、成长绩效和创新绩效之间的相关系数分别为0.633、0.504、0.539、0.490，即二者之间分别呈现显著正相关；资源重构创新与经营绩效、财务绩效、成长绩效和创新绩效之间的相关系数分别为 0.453、0.336、0.392、0.327，即二者之间分别呈现显著正相关；借助外部资源与经营绩效、财务绩效、成长绩效和创新绩效之间的相关系数分别为 0.495、0.383、0.398、0.365，即二者之间分别呈现显著正相关。相关分析的研究主要是为了刻画两类变量间线性相关的密切程度，而回归分析可以揭示自变量对因变量的影响大小，因此，为了考查管理创新与经营绩效之间的关系大小及因果关系，需要进一步做多元回归分析。

管理创新与经营绩效的多元回归分析结果如表 4-11 所示，其中，模型 $R^2 = 0.485$，调整 $R^2 = 0.476$，F = 58.761，显著性水平 P = 0.000，小于 0.001。MI1 对 OP 回归成立，P = 0.002（< 0.01），回归系数为 0.180，假设 H2a 成立；MI2 对 OP 回归成立，P = 0.000（< 0.01），回归系数为 0.389，假设 H1b 成立；MI3 对 OP 回归成立，P = 0.124（< 0.01），回归系数为 0.084，假设 H1c 成立；MI4 对 OP 回归成立，P = 0.000（< 0.01），回归系数为 0.245，假设 H1c 成立。

表 4-11　管理创新与经营绩效的多元回归分析结果

自变量	未标准化回归系数 B	标准误差	标准化回归系数	t	Sig.
常数	0.696	0.159		4.388	0.000
MI1	0.153	0.049	0.180	3.149	0.002
MI2	0.374	0.055	0.389	6.807	0.000
MI3	0.067	0.043	0.084	1.544	0.124
MI4	0.165	0.035	0.245	4.701	0.000

4.3.2　结果

由表 4-11 的回归结果可知，回归模型四个自变量整体能解释总变异量的 48.50%，说明该多元回归模型的自变量解释程度较高。拟合优度检验得出 F 值为 58.761，在 0.01 的显著水平上通过检验，表明多元回归模型拟合较好。自变量资源整合创新对因变量经营绩效的标准化回归系数为 0.180，对应的显著性为 0.002，小于 0.05，说明资源整合创新对经营绩效有显著的正向影响，即资源整合创新越高，企业经营绩效会越好，假设 H1a 检验通过。自变量资源配置创新对因变量经营绩效的标准化回归系数为 0.389，对应的显著性小于 0.05，说明资源配置创新对因变量经营绩效具有显著的正向影响，即资源配置创新越高，企业经营绩效会越好，假设 H1b 检验通过。自变量资源重构创新对因变量经营绩效的标准化回归系数为 0.084，对应的显著性为 0.124，大于 0.05，说明资源重构创新对因变量经营绩效未有显著的正向影响，假设 H1c 检验未通过。自变量借助外部资源对因变量经营绩效的标准化回归系数为 0.245，对应的显著性为 0.000，小于 0.05，说明借助外部资源对因变量经营绩效具有显著的正向影响，即借助外部资源越高，企业经营绩效会越好，假设 H1c 检验通过。

4.3.3 探讨

通过管理创新与企业经营绩效的相关分析和多元回归分析证实了管理创新与企业经营绩效之间的关系。其中，管理创新的资源整合创新、资源配置创新、资源重构创新和借助外部资源对经营绩效存在显著的正向影响。互联网企业在提高企业经营绩效时要从资源整合创新、资源配置创新、资源重构创新和借助外部资源四个方面开展工作。

（1）假设。

假设 H2a 管理创新的资源整合创新与企业经营绩效呈显著正相关：成立。
假设 H2b 管理创新的资源配置创新与企业经营绩效呈显著正相关：成立。
假设 H2c 管理创新的资源重构创新与企业经营绩效呈显著正相关：成立。
假设 H2d 管理创新的借助外部资源与企业经营绩效呈显著正相关：成立。

（2）文献综述理论。

在以营利为目标、以市场为导向的过程中，对战略目标、人员结构、商业模式、组织构架、渠道管理、资源配置、销售方式、产品开发等要素实行新的综合制订和实施即为管理创新。通过提高企业的执行效率，进而降低企业的运营成本，这是管理创新的主要目标。在进行市场活动的过程中，通过采取与竞争对手不同的战略、配置和分销方案，为提升企业经营绩效，企业通过分销渠道的扩展、生产效率的提高和高效信息资讯的获取，在生产相同或类似的产品时的运营成本低于其他竞争者。例如，李克强总理在第十二届全国人大三次会议上首次提出了"互联网+"的概念，这个概念本质上就是一种管理创新，传统企业的管理体制一般是以自我为中心，但是"互联网+"的核心要素是用户，即企业内所有的组织结构均须围绕着用户进行构建。"互联网+"对企业中生产制造、研发设计和营销服务的改造升级与创新对企业的转型升级有着重要的影响，其效果是改变了企业的技术、模式、观念、理念和思维等各个方面，对企业竞争力和经营绩效是一个大大的提升。互联网企业要将管理创新放在更加重要的位置。企业高层管理人员的素质、意识和眼界是管理创新的关键因素。因此，企业应加强企业间的交流与合作，要认真学习其他企业在管理创新方面的经验和成果，并结合企业自身的实际情况加以批判地吸收，同时要加强企业高层管理人员的培训和进修。为了提高企业的管理效率，应该允许员工参与能使企业不断优化的管理方式和流程，这就要求企业在平时要重视构建企业创新文化和创新氛围，因为民主和鼓励创新的氛围可以充分地调动员工参与企业管理与决策的积极性。

（3）前期研究的发现。

1989年，"管理创新"这一定义被Stata提出，并进行了详细阐述。他认为，管理创新是阻碍企业发展的重要因素，但是与技术创新相比，在企业管理过程中，管理创新没有得到足够的重视。互联网企业的技术创新具有成本高、研发周期长和风险大等特点，因此互联网企业的技术创新十分复杂且充满未知。为了保证技术创新的成功，互联网企业必须要充分调动高等院校、科研机构和企业的积极性，同时企业必须要与政府部门保持密切的联系，形成产学研创新联盟，企业必须要充分利用这些外部资源。由专门的互联网企业高层领导作为负责人，公关人员和企业的技术骨干等作为小组成员，建立专门的创新联盟联络小组。联络小组的主要作用是积极负责与其他创新联盟的企业、高等院校、政府部门、科研机构和研究所等之间的联络和沟通。为了促进联盟良好运行，激发联盟的积极性，并跟进联盟动向，互联网企业要增加资金投入，支持和配合产学研创新联盟的运行，同时对于投入资金的使用主体和使用方向，由联络小组负责监督。创新联盟合作主要涉及众多的知识转移和技术创新，因此为了促进产学研创新联盟持续健康地发展，必须做好如下工作：①创新联盟主体派专人负责，相互监督；②必须严格遵守知识产权保护法；③必须做好知识产权保护工作。

4.4 研究目标 3（R.O.3）：技术创新与管理创新之间的关系

本小节根据实证研究和已有文献及相关的技术创新和管理创新理论论述，探究技术创新与管理创新的关系模型。

4.4.1 分析

利用 402 份调查问卷有效样本数据实证研究技术创新与管理创新的相关分析结果，如表 4-12 所示。

表 4-12　技术创新与管理创新的相关分析结果

	TI	TI1	TI2	TI3	MI	MI1	MI2	MI3	MI4
TI	1								
TI1	—	1							
TI2	—	—	1						
TI3	—	—	—	1					
MI	0.735***	0.520***	0.685***	0.582***	1				
MI1	0.596***	0.398***	0.534***	0.453***	—	1			
MI2	0.661***	0.440***	0.621***	0.504***	—	—	1		
MI3	0.494***	0.251***	0.478***	0.331***	—	—	—	1	
MI4	0.461***	0.313***	0.395***	0.352***	—	—	—	—	1

注：*** 表示 $P<0.001$；** 表示 $P<0.01$；* 表示 $P<0.05$。

技术创新与管理创新之间的相关系数达到 0.735，即二者之间呈现显著正相关；技术创新与资源整合创新、资源配置创新、资源重构创新和借助外部资源四个维度之间的相关系数分别为 0.596、0.661、0.494 和 0.461，即二者之间分别呈现显著正相关；技术创新支持与管理创新、资源整合创新、资源配置创新、资源重构创新和借助外部资源之间的相关系数分别为 0.520、0.398、0.440、0.251 和 0.313，即二者之间分别呈现显著正相关；技术创新文化与管理创新、资源整合创新、资源配置创新、资源重构创新和借助外部资源之间的相关系数分别为 0.685、0.534、0.621、0.478 和 0.395，即二者之间分别呈现显著正相关；技术创新产出与管理创新、资源整合创新、资源配置创新、资源重构创新和借助外部资源之间的相关系数分别为 0.582、0.453、0.504、0.331 和 0.352，即二者之间分别呈现显著正相关。相关分析的研究主要是为了刻画两类变量间线性相关的密切程度，而回归分析可以揭示自变量对因变量的影响大小，因此，为了考查技术创新与管理创新之间的关系大小及因果关系，需要进一步做多元回归分析。

管理创新对技术创新的多元回归分析结果如表 4-13 所示，其中，模型 $R^2 = 0.463$，调整 $R^2 = 0.454$，F = 53.807，显著性水平 P=0.000，小于 0.001。MI1 对 TI 回归成立，P = 0.000（＜0.01），回归系数为 0.235，假设 H2a 成立；MI2 对 OP 回归成立，P = 0.000（＜0.01），回归系数为 0.387，假设 H1b 成立；MI3 对 OP 回归成立，P = 0.183（＜0.01），回归系数为 0.074，假设 H1c 成立；MI4 对 OP 回归成立，P = 0.002（＜0.01），回归系数为 0.167，假设 H1c 成立。

表 4-13 管理创新对技术创新的多元回归分析结果

自变量	未标准化回归系数 B	标准误差	标准化回归系数	t	Sig.
常数	0.785	0.159		4.941	0.000
MI1	0.197	0.049	0.235	4.028	0.000
MI2	0.366	0.055	0.387	6.640	0.000
MI3	0.058	0.043	0.074	1.334	0.183
MI4	0.110	0.035	0.167	3.143	0.002

4.4.2 结果

由表 4-13 的回归结果可知，回归模型四个自变量整体能解释总变异量的 46.30%，说明该多元回归模型的自变量解释程度较高。拟合优度检验得出 F 值为 53.807，在 0.01 的显著水平上通过检验，表明多元回归模型拟合较好。自变量资源整合创新对因变量经营绩效的标准化回归系数为 0.235，对应的显著性为 0.000，对应的显著性小于 0.05，说明资源整合创新对经营绩效有显著的正向影响，即资源整合创新越高，企业经营绩效会越好，假设 H1a 检验通过。自变量资源配置创新对因变量经营绩效的标准化回归系数为 0.387，对应的显著性小于 0.05，说明资源配置创新对因变量经营绩效具有显著的正向影响，即资源配置创新越高，企业经营绩效会越好，假设 H1b 检验通过。自变量资源重构创新对因变量经营绩效的标准化回归系数为 0.074，对应的显著性为 0.183，大于 0.05，说明资源重构创新对因变量经营绩效未有显著的正向影响，假设 H1c 检验未通过。自变量借助外部资源对因变量经营绩效的标准化回归系数为 0.167，对应的显著性为 0.000，小于 0.05，说明借助外部资源对因变量经营绩效具有显著的正向影响，即借助外部资源越多，企业经营绩效会越好，假设 H1c 检验通过。

4.4.3 探讨

通过技术创新与企业管理创新的相关分析和多元回归分析证实了技术创新与管理创新之间的关系。其中，管理创新的资源整合创新、资源配置创新、资源重构创新和借助外部资源对技术创新存在显著的正向影响。互联网企业在提高企业经营绩效时要从资源整合创新、资源配置创新、资源重构创新和借助外部资源四个方面开展工作。

（1）假设。

假设 H3 管理创新与企业经营绩效呈显著正相关：成立。

假设 H2a 管理创新的资源整合创新与企业经营绩效呈显著正相关：成立。

假设 H2b 管理创新的资源配置创新与企业经营绩效呈显著正相关：成立。

假设 H2c 管理创新的资源重构创新与企业经营绩效呈显著正相关：成立。

假设 H2d 管理创新的借助外部资源与企业经营绩效呈显著正相关：成立。

（2）文献综述理论。

从已有的研究成果可以得出，技术创新的过程与管理创新的过程融合在一起，二者之间并不是孤立存在的，它们之间存在相互配合的关系。为了提高技术活动的效率，应该提升有效的组织管理，保障技术创新的资金供给，并将合适的人员安排到合理的工作岗位上。技术创新的成果要想实现市场化，需要管理创新的配合和推动。为提高企业的创新绩效，在技术创新过程中，企业对技术创新系统进行合理的资源配置，对管理创新模式进行合理选择。如果管理创新的发展与技术创新的发展不匹配，无法发挥协同作用，将导致创新成果不能快速转化为商品并最终为用户所接受，同时企业的技术创新效率也会下降。

（3）前期研究的发现。

Benghozi（1990）将创新分为管理创新、市场创新和技术创新三个维度，并指出企业对技术创新的关注度要高于管理创新。为提高企业的研发效率和内部管理效率，应重视控制研发费用、更新内部协作流程和实施有效的人力资源管理等管理创新。由于管理工作具有普遍性，因此以往的学者经常将技术创新与管理创新混为一谈，而 Benghozi 将管理创新作为独立的内容从技术创新中剥离出来是其最大的贡献。Stata（1994）虽然没有严格界定管理创新的概念，但是将管理创新、流程创新和技术创新进行了区分。我国学者也对技术创新与管理创新之间的关系进行了研究，如廖理、姜彦福（1996）以中国国有企业的技术创新为例，认为企业技术创新活动需要管理和组织的支持，技术创新并不是单一的技术活动。在瞬息万变且激烈的市场竞争中，企业能够迅速转移和推出产品的关键因素是技术创新和管理创新的融合，因为只有适应技术创新的管理活动才能有效地支持技术创新活动。包菊芳（2002）认为，企业管理制度对企业技术创新的实施产生密切的影响，因此，为提高企业技术创新绩效，企业应建立完善的企业管理制度。严新忠（2003）认为，实现技术创新与管理创新协同互动的关键点是建立有效的创新体系。张文斌（2012）提出，管理创新与技术创新的关系是互相依存、互相促进，但是各自的侧重点不同，对企业经营绩效具有共同的提升作用。

4.5 研究目标 4（R.O.4）：用户体验在技术创新与企业经营绩效之间的中介作用模型检验

根据第 2 章相关理论的论述，可知用户体验在技术创新与企业经营绩效之间扮演中介角色。本节将利用 402 份调查问卷有效样本数据实证研究用户体验在技术创新与企业经营绩效之间的中介作用。

4.5.1 分析

本书将用户体验（UE）细分为感官体验（UE1）、内容体验（UE2）、功能体验（UE3）和价值体验（UE4）四个维度，利用 402 份调查问卷有效样本数据实证研究用户体验在技术创新与企业经营绩效之间的中介作用。

（1）技术创新与用户体验之间的关系。

由表 4-14 可知，技术创新与用户体验之间的相关系数达到 0.738，即二者之间呈现显著正相关关系；技术创新与感官体验、内容体验、功能体验和价值体验四个维度之间的相关系数分别为 0.621、0.640、0.688 和 0.634，即二者之间分别呈现显著正相关；技术创新支持与用户体验、感官体验、内容体验、功能体验和价值体验之间的相关系数分别为 0.575、0.441、0.411、0.461、0.518，即二者之间分别呈现显著正相关；技术创新文化与用户体验、感官体验、内容体验、功能体验和价值体验之间的相关系数分别为 0.660、0.524、0.584、0.512、0.557，即二者之间分别呈现显著正相关；技术创新产出与用户体验、感官体验、内容体验、功能体验和价值体验之间的相关系数分别为 0.651、0.564、0.526、0.492、0.524，即二者之间分别呈现显著正相关。相关分析的研究主要是为了刻画两类变量间线性相关的密切程度，而回归分析可以揭示自变量对因变量的影响大小，因此，为了考查技术创新与用户体验之间的关系大小及因果关系，需要进一步做多元回归分析。

表 4-14 技术创新与用户体验的相关分析结果

	TI	TI1	TI2	TI3	UE	UE1	UE2	UE3	UE4
TI	1								
TI1	—	1							
TI2	—	—	1						
TI3	—	—	—	1					
UE	0.738***	0.575***	0.660***	0.651***	1				
UE1	0.621***	0.441***	0.524***	0.564***	—	1			
UE2	0.640***	0.411***	0.584***	0.526***	—	—	1		
UE3	0.688***	0.461***	0.512***	0.492***	—	—	—	1	
UE4	0.634***	0.518***	0.557***	0.524***	—	—	—	—	1

注：*** 表示 $P<0.001$；** 表示 $P<0.01$；* 表示 $P<0.05$。

（2）用户体验与企业经营绩效之间的关系。

由表 4-15 可知，用户体验与经营绩效之间的相关系数达到 0.704，即二者之间呈现显著正相关；用户体验与财务绩效、成长绩效和创新绩效三个维度之间的相关系数分别为 0.597、0.580 和 0.537，即二者之间分别呈现显著正相关；感官体验与经营绩效、财务绩效、成长绩效和创新绩效之间的相关系数分别为 0.543、0.406、0.478、0.389，即二者之间分别呈现显著正相关；内容体验与经营绩效、财务绩效、成长绩效和创新绩效之间的相关系数分别为 0.533、0.415、0.420、0.404，即二者之间分别呈现显著正相关；功能体验与经营绩效、财务绩效、成长绩效和创新绩效之间的相关系数分别为 0.577、0.522、0.441、0.376，即二者之间分别呈现显著正相关；价值体验与经营绩效、财务绩效、成长绩效和创新绩效之间的相关系数分别为 0.569、0.451、0.462、0.427，即二者之间分别呈现显著正相关。相关分析的研究主要是为了刻画两类变量间线性相关的密切程度，而回归分析可以揭示自变量对因变量的影响大小，因此，为了考查技术创新与经营绩效之间的关系大小及因果关系，需要进一步做多元回归分析。

表 4-15　用户体验与互联网企业经营绩效的相关分析结果

	UE	UE1	UE2	UE3	UE4	OP	OP1	OP2	OP3
UE	1								
UE1	—	1							
UE2	—	—	1						
UE3	—	—	—	1					
UE4	—	—	—	—	1				
OP	0.704***	0.543***	0.533***	0.577***	0.569***	1			
OP1	0.597***	0.406***	0.415***	0.522***	0.451***	—	1		
OP2	0.580***	0.478***	0.420***	0.441***	0.462***	—	—	1	
OP3	0.537***	0.389***	0.404***	0.376***	0.427***	—	—	—	1

注：*** 表示 $P<0.001$；** 表示 $P<0.01$；* 表示 $P<0.05$。

（3）技术创新对用户体验的回归分析。

技术创新与用户体验的多元回归分析结果如表 4-16 所示，其中，模型 $R^2 = 0.372$，调整 $R^2 = 0.364$，F = 49.504，显著性水平 P = 0.000，小于 0.001。TI1 对 UE 回归成立，P = 0.020（＜0.05），回归系数为 0.140，假设 H2a 成立；TI2 对 UE 回归成立，P = 0.000（＜0.01），回归系数为 0.315，假设 H1b 成立；TI3 对 UE 回归成立，P = 0.000（＜0.01），回归系数为 0.285，假设 H1c 成立。

表 4-16　技术创新与用户体验的多元回归分析结果

自变量	未标准化回归系数 B	未标准化回归系数 标准误差	标准化回归系数	t	Sig.
常数	1.239	0.156		7.964	0.000
TI1	0.100	0.043	0.140	2.339	0.020
TI2	0.287	0.058	0.315	4.919	0.000
TI3	0.213	0.044	0.285	4.789	0.000

（4）用户体验对企业经营绩效的回归分析。

用户体验对互联网企业经营绩效的多元回归分析结果如表 4-17 所示，其中，模型 $R^2 = 0.441$，调整 $R^2 = 0.432$，F = 49.292，显著性水平 P = 0.000，小于 0.001。UE1 对 OP 回归成立，P = 0.000（＜0.05），回归系数为 0.226，假设 H1a 不成立；UE2 对 OP 回归成立，P = 0.008（＜0.01），回归系数为 0.164，假设 H1b 成立；UE3 对 OP 回归成立，P = 0.000（＜0.01），回归系数为 0.243，假设 H1c 成立；UE4 对 OP 回归成立，P = 0.002（＜0.01），回归系数为 0.195，假设 H1c 成立。

表 4-17　用户体验对互联网企业经营绩效的多元回归分析结果

自变量	未标准化回归系数 B	标准误差	标准化回归系数	t	Sig.
常数	0.928	0.154		6.026	0.000
OP1	0.183	0.048	0.226	3.777	0.000
OP2	0.133	0.049	0.164	2.695	0.008
OP3	0.210	0.054	0.243	3.900	0.000
OP4	0.160	0.052	0.195	3.089	0.002

（5）技术创新、用户体验与企业经营绩效的回归分析。

研究模型说明如下。

模型 1：将中介变量用户体验与自变量技术创新进行回归检验。

模型 2：将因变量企业经营绩效与自变量技术创新进行回归检验。

模型 3：自变量技术创新、中介变量用户体验、因变量企业经营绩效同时进行回归检验。

对以上三个模型进行多元回归分析，如表 4-18 所示。

表 4-18　技术创新、用户体验与企业经营绩效的多元回归分析

	模型 1	模型 2	模型 3
自变量 TI	0.596***	0.614***	0.326***
中介变量 UE			0.484***
F	145.11***	144.71***	127.99***
R^2	0.365	0.364	0.504
修正 R^2	0.362	0.361	0.500

注：*** 表示 P<0.001；** 表示 P<0.01；* 表示 P<0.05。

从表 4-18 中可看出，首先，在模型 1 中，中介变量用户体验 UE 对自变量技术创新 TI 回归显著，回归模型的 $R^2 = 0.365$，调整后的 $R^2 = 0.362$，$F = 145.11$，说明回归模型拟合较好，且回归系数 $\beta = 0.596$（$P < 0.001$），假设 H3 得到验证。其次，在模型 2 中，自变量技术创新 TI 对因变量企业经营绩效 OP 回归显著，回归模型的 $R^2 = 0.364$，调整后的 $R^2 = 0.361$，$F = 144.71$，说明回归模型拟合较好，且回归系数 $\beta = 0.614$（$P < 0.001$），假设 H1 得到验证。最后，在模型 3 中，当用户体验作为中介变量加入后，回归模型的 $R^2 = 0.504$，调整后的 $R^2 = 0.500$，$F = 127.99$，说明回归模型拟合较好。但是，自变量技术创新 TI 对企业经营绩效 OP 的影响系数减小，由模型 1 的系数 $\beta = 0.596$（$P<0.001$）下降为模型 3 的 $\beta = 0.326$（$P < 0.001$），这表明用户体验对技术创新与企业经营绩效的关系起部分中介作用。中介效应占总效应的比值为 $0.596 \times (0.326 \div 0.614) \times 100\% = 31.6\%$，因此，H6 得到部分验证。

4.5.2 结果

通过技术创新、用户体验与企业经营绩效的多元回归分析可以获得如下结论：技术创新与用户体验之间是正向的影响关系，技术创新又对企业经营绩效有正向影响，所以技术创新可以通过用户体验作用于企业经营绩效，用户体验在技术创新和企业经营绩效之间起部分中介作用，技术创新对企业经营绩效提升具有间接促进作用。

假设 H1 成立：技术创新与企业经营绩效呈显著正相关。

假设 H3 成立：技术创新与用户体验呈显著正相关。

假设 H5 成立：用户体验与企业经营绩效呈显著正相关。

假设 H6 成立：用户体验在技术创新与企业经营绩效之间起部分中介作用。

4.5.3 探讨

用户体验中介作用的实证分析结果表明，用户体验在技术创新与企业经营绩效之间的关系起着部分中介作用。也就是说，技术创新主要是通过用户体验间接促进企业经营绩效的提升。

（1）假设。

假设 H1 技术创新与企业经营绩效呈显著正相关：成立。

假设 H3 技术创新与用户体验呈显著正相关：成立。

假设 H5 用户体验与企业经营绩效呈显著正相关：成立。

假设 H6 用户体验在技术创新与企业经营绩效之间起部分中介作用：成立。

（2）文献综述理论。

互联网行业是竞争比较激烈的行业，产品是否成功的关键因素就是用户，用户是否选择使用及是否持续使用标志着产品是否成功。而用户对企业产品的认同和选择主要取决于产品的功能、质量和体验是否够好。在激烈的市场竞争中，企业之间的竞争产品层出不穷，用户对产品的要求也不断提高，产品不断更新换代。在此情况下，抓住市场的关键就是抓住用户，因此用户体验成为企业能否成功的关键因素。不同于有形资源，大数据是一种无形资源和新生资源，在当今智能化时代，人们日益重视大数据带给人类的价值。随着数据挖掘、机器学习和深度学习等技术的不断创新与发展，数据的挖掘、感知、分析、收集和共享等变得更加容易，人们看待世界的方法也与传统方法存在差异。当前产品的迭代与推出都异常迅速，任何产品的体验都需要有一个过程，不能一步到位。为了提升和改善互联网企业用户的体验，企业应该通过用户行为数据和数据挖掘技术，评估和预测用户的真实需求，对用户的意见和建议进行深入研究。互联网产品的用户群体个体具有异质性，个性各不相同。产品更新速度快，同时用户需求变化也快。这些都向互联网企业提出了更高的要求，要求企业为用户提供更好的体验，同时要求互联网产品必须满足不同用户群体的需求。对于感兴趣的信息，用户希望从互联网产品上自动且免费获得；对于自己的真实需求，用户希望移动智能终端自动发现，而不是主动进行操作，点击搜索寻找内容。这方面除了利用地理定位向用户推荐附近商家之外，同时为用户量身设定的周边签到和兴趣标签。如果用户想寻找好歌、发现并分享音乐，可以通过网易云 APP 进行搜索；通过美食类 APP 附近商家推荐搜寻美食，就能获得有效信息。为了不断完善移动社交型 APP 推荐功能，用户的每一次选择和反馈均存储到用户个人数据库。在为用户节约时间的前提下，移动社交型 APP 的发展方向和前进方向自动获取为用户量身打造个性化和差异化内容。在大数据时代和智能化背景下，基于移动互联网产品和互联网等虚拟社交平台，用户可以自由、合法地留下用户的个性化痕迹、表达自己的内心情感、发表自己的个人看法和见解。用户每日的互联网行为都为数据库网站积累了大量的分析数据，采用数据挖掘和机器学习等技术对用户数据进行分析和挖掘得到结论，根据所得结论可以抓住用户的痛点，为用户提供更加符合条件的个性化服务，让用户获得良好的用户体验。

（3）前期研究的发现。

Reichheld 等（2000）和 Khalifa 等（2002）均认为随着互联网的快速发展和普及应用，各种新兴商业模式的不断创新，企业可持续发展并保持竞争力的重要因素之一是增加用户黏性，而增加用户黏性的重要前提条件是用户体验。建立用户黏性并将用户黏性维持下去不仅一直都是学术界关注的热点，而且也是企业界关注的热点。但是我国互联网企业普遍对用户黏性的培养一直缺乏重视，只重视用户规模的扩大，由此导致企业缺乏竞争力，同时也影响了企业经营绩效。基于用户体验的角度，郑鸿雁（2014）认为多渠道零售中顾客体验会影响顾客的购买意愿，同时对线上线下用户体验之间的关系进行了研究。李琛琛（2015）认为用户体验会影响顾客满意度，顾客满意度会影响顾客忠诚度，因此顾客满意度在用户体验与用户黏性之间起着中介作用。

4.6 研究目标 5（R.O.5）：用户体验在管理创新与企业经营绩效之间的中介作用模型检验

根据第 2 章相关理论的论述，可知用户体验在管理创新与企业经营绩效之间扮演中介角色。本节将利用 402 份调查问卷有效样本数据实证研究用户体验在管理创新与企业经营绩效之间的中介作用。

4.6.1 分析

为验证用户体验在管理创新与企业经营绩效之间的中介作用，需要分析管理创新与用户体验的关系、用户体验与企业经营绩效的关系、管理创新与企业经营绩效的关系。

（1）管理创新与用户体验的相关关系。

由表 4-19 所示的相关分析结果可知：管理创新与用户体验之间的相关系数达到 0.761，即二者之间呈现显著正相关关系；管理创新与感官体验、内容体验、功能体验和价值体验四个维度之间的相关系数分别为 0.644、0.647、0.609 和 0.625，即二者之间分别呈现显著正相关；资源整合创新与用户体验、感官体验、内容体验、功能体验和价值体验之间的相关系数分别为 0.602、0.513、0.457、0.466、0.461，即二者之间分别呈现显著正相关；资源配置创新与用户体验、感官体验、内容体验、功能体验和价值体验之间的相关系数分别为 0.639、0.495、0.541、0.517、0.509，即二者之间分别呈现显著正相关；资源重构创新与用户体验、感官体验、内容体验、功能体验和价值体验之间的相关系数分别为 0.613、0.502、0.496、0.435、0.478，即二者之间分别呈现显著正相关；借助外部资源与用户体验、感官体验、内容体验、功能体验和价值体验之间的相关系数分别为 0.505、0.376、0.351、0.408、0.406，即二者之间分别呈现显著正相关。

表 4-19 管理创新与用户体验的相关分析结果

	MI	MI1	MI2	MI3	MI4	UE	UE1	UE2	UE3	UE4
MI	1									
MI1	—	1								
MI2	—	—	1							
MI3	—	—	—	1						
MI4	—	—	—	—	1					
UE	0.761***	0.602***	0.639***	0.613***	0.505***	1				
UE1	0.644***	0.513***	0.495***	0.502***	0.376***	—	1			

续表

	MI	MI1	MI2	MI3	MI4	UE	UE1	UE2	UE3	UE4
UE2	0.647***	0.457***	0.541***	0.496***	0.351***	—	—	1	—	—
UE3	0.609***	0.466***	0.517***	0.435***	0.408***	—	—	—	1	—
UE4	0.625***	0.461***	0.509***	0.478***	0.406***	—	—	—	—	1

注：*** 表示 $P<0.001$；** 表示 $P<0.01$；* 表示 $P<0.05$。

相关分析和回归分析具有不同的作用，相关分析主要用于研究变量之间相关性的大小，变量之间的地位平等；而回归分析主要用于研究变量之间的因果关系，变量之间的地位不对等，将变量分为因变量（被解释变量）和自变量（解释变量）。因此，为了考查技术创新与用户体验之间的关系大小及因果关系，需要进一步做多元回归分析。

（2）管理创新对用户体验的回归分析。

管理创新与用户体验的多元回归分析如表 4-20 所示，其中，模型 $R^2=0.527$，调整 $R^2=0.520$，$F=69.767$，显著性水平 $P=0.000$，小于 0.001。MI1 对 UE 回归成立，$P=0.000$（<0.05），回归系数为 0.241，假设 H2a 成立；MI2 对 UE 回归成立，$P=0.000$（<0.01），回归系数为 0.292，假设 H1b 成立；MI3 对 UE 回归成立，$P=0.000$（<0.01），回归系数为 0.252，假设 H1c 成立；MI4 对 UE 回归成立，$P=0.001$（<0.01），回归系数为 0.165，假设 H1c 成立。

表 4-20 管理创新与用户体验的多元回归分析结果

自变量	未标准化回归系数 β	标准误差	标准化回归系数	t	Sig.
常数	0.677	0.147		4.599	0.000
MI1	0.199	0.045	0.241	4.401	0.000
MI2	0.273	0.051	0.292	5.350	0.000
MI3	0.194	0.040	0.252	4.832	0.000
MI4	0.108	0.033	0.165	3.304	0.001

（3）管理创新、用户体验对企业经营绩效的回归分析。

研究模型说明如下。

模型 1：将中介变量用户体验与自变量管理创新进行回归检验。

模型 2：将因变量企业经营绩效与自变量管理创新进行回归检验。

模型 3：自变量管理创新、中介变量用户体验、因变量企业经营绩效同时进行回归检验。

对以上三个模型进行多元回归分析，如表 4-21 所示。

表 4-21 管理创新、用户体验与企业经营绩效的多元回归分析

	模型 1	模型 2	模型 3
自变量 MI	0.774***	0.759***	0.481***
中介变量 UE			0.358***
F	276.92***	226.22***	141.90***
R^2	0.523	0.472	0.530
修正 R^2	0.521	0.470	0.526

注：*** 表示 P<0.001；** 表示 P<0.01；* 表示 P<0.05。

由表 4-21 中可看出，首先，在模型 1 中，管理创新 MI 对用户体验 UE 回归显著，回归模型的 R^2 = 0.523，修正 R^2 = 0.521，F = 276.92，说明回归模型拟合度较好，且回归系数 β = 0.774（P<0.001），假设 H4 得到验证。其次，在模型 2 中，管理创新 MI 对企业经营绩效 OP 回归显著，回归模型的 R^2 = 0.472，修正 R^2 = 0.470，F = 226.22，说明回归模型拟合度较好，且回归系数 β = 0.759（P<0.001），假设 H2 得到验证。因此，在中介检验中自变量与中介变量和因变量的关系都显著。最后，在模型 3 中，当制度环境 SE 作为中介变量加入后，回归模型的 R^2 = 0.530，修正 R^2 = 0.526，F = 141.90，说明回归模型拟合度较好。其中，管理创新 MI 的回归系数 β = 0.481（P<0.001），用户体验 UE 的回归系数 β = 0.358（P<0.001），假设 H7 得到验证。

4.6.2 结果

通过管理创新、用户体验与企业经营绩效的多元回归分析可以获得如下结论。

管理创新对用户体验有正向的影响，用户体验又对企业经营绩效有正向

影响，所以，管理创新可以通过用户体验作用于企业经营绩效，用户体验在管理创新和企业经营绩效间起到中介作用，管理创新对企业经营绩效提升具有间接的促进作用。

假设 H2 成立：管理创新与企业经营绩效呈显著正相关。

假设 H4 成立：管理创新与用户体验呈显著正相关。

假设 H5 成立：用户体验与企业经营绩效呈显著正相关。

假设 H7 成立：用户体验在管理创新与企业经营绩效间起到中介作用。

4.6.3 探讨

用户体验中介作用的实证分析结果表明，用户体验对管理创新和企业经营绩效的关系起到中介作用。也就是说，管理创新不仅可以直接促进企业经营绩效的提升，还可以通过用户体验间接促进企业经营绩效的提升。

（1）假设。

假设 H2 管理创新与企业经营绩效呈显著正相关：成立。

假设 H4 用户体验与制度环境呈显著正相关：成立。

假设 H5 用户体验与企业经营绩效呈显著正相关：成立。

假设 H7 用户体验在管理创新与企业经营绩效间起到中介作用：成立。

（2）文献综述理论。

互联网企业的核心要素是用户，互联网企业增加用户黏性、增加用户数量具有重大的现实意义。互联网企业已经清楚地看到留住现有用户的成本比寻求一个新的用户所消耗的成本更高，留住现有用户并增加用户黏性是互联网企业获取竞争优势的关键所在。因此，用户黏性是互联网企业用户体验的重要影响因素，互联网企业应当探寻如何增强用户黏性，这是互联网企业应当高度重视的问题。在激烈的市场竞争中，"以用户为中心"的理念影响甚至改变了互联网企业的运营模式。国内外的专家学者对用户体验进行了深入研究并取得了很多成果，这些成果也引起了互联网企业的高度重视。管理创新的目标是提高企业的运营效率，进而降低企业的运营成本，在以市场为导向、以营利为目标的过程中，企业对战略目标、人员结构、商业模式、组织构架、渠道管理、资源配置、销售方式、产品开发等要素进行改革，即管理创新。在市场活动中，与其他竞争者相比，为了在生产相似产品时使用更低的运营成本，企业运用与竞争对手不同的配置、分销和战略方案，这些方案可以使企业获取信息资讯的效率更高、分销渠道更广、生产效率更高。通过管理创新，用户体验如何提高互联网企业的经营绩效，需要企业持续留住现有用户并发展新用户以提升用户黏性。用户体验对用户黏性具有重要影响，因此用户体验需要通过提升用户对互联网企业的黏性影响企业经营绩效。

（3）前期研究的发现。

技术在互联网企业内部和外部的重要性日益凸显，技术创新成为企业赢得竞争优势的关键。企业的技术创新涉及产品质量或性能的改进，而管理创新是一个通过提供新的产品或服务，使企业能够建立竞争优势的过程。技术创新和管理创新的高度整合，已成为互联网企业技术创新管理的发展趋势。

为保障互联网企业获得持续的市场竞争力，互联网企业应合理利用有限的资源。因此，管理创新可以实现企业资源的合理分配，进而实现用户体验的提升。互联网企业运用管理创新，将内部资源进行整合、配置或重构。如依据自身的平台优势，腾讯将腾讯 QQ、手机新闻客户端、腾讯手机报和微信等重要资源进行整合、重构和重新配置。腾讯经过管理创新既可以联结用户的社交生活和媒体生活，将腾讯打造成为使新闻资讯能在社交生活圈分享的第一服务商，还可以在腾讯内部实现网络的信息共享。腾讯通过内部信息整合、配置和重构，降低了获取新闻信息的成本，提高了传播效率和用户体验，进而提高了互联网企业经营绩效。

2012 年 11 月，为了共同进行手机新闻客户端的内容生产，东方网、青岛新闻网、大河网等 15 家地方网站与网易手机新闻客户端进行战略合作。互联网企业缺乏新闻采编权，为了对新闻单位媒体的采编新闻进行发布，互联网企业只能采用专题汇编和采取转载的方式。互联网企业与地方媒体的战略合作具有两个优势：一是扩大了新闻的来源，丰富了新闻内容；二是挖掘出具有地方特色的新闻内容，使新闻内容具有差异性，提升了用户体验，通过用户体验的中介作用，提升了企业经营绩效。基于用户体验的认知、情感和行为的心理过程得出如下结论：用户的正向情感认同对用户体验起正向影响作用，即用户的正向情感认同感越强则用户体验越好，用户黏性越强。因此，在激烈的市场竞争中，企业想要获取用户的信赖和认同，必须提升用户的情感体验、感官体验、内容体验、功能体验和价值体验等。

结论

基于已通过信度和效度检验的样本数据，本章首先开展受访者概要描述。其次，开展典型相关性分析和回归分析，从而验证假设是否成立。本章的假设主要体现在四个方面：技术创新、管理创新对企业经营绩效的影响；技术创新、管理创新对用户体验的影响；用户体验对企业经营绩效的影响分析；用户体验在技术创新、管理创新与企业经营绩效之间是否存在中介关系及中介作用强度。再次，对本书研究结果进行讨论，且大部分假设得到验证。本书总共提出了14个假设，且14个假设均获得验证通过。通过统计分析，我们验证了技术创新、管理创新不仅对用户体验有着显著影响，而且对企业经营绩效有显著影响，同时用户体验在技术创新、管理创新与企业经营绩效之间起着中介作用。最后，从智能化背景下的互联网企业的角度，对技术创新、管理创新、用户体验和企业经营绩效之间的相互关系及作用机理做了研究与探讨。

第 5 章 CHAPTER5

结论与建议

在前面章节全面、系统研究的基础上，本章主要回顾了本书的研究结论，并对结论进行分析与总结，阐述本书的研究启示及对实践的价值，之后，客观分析了本书的建议和局限性，并指明了进一步的研究方向。

5.1 通过目标发现及探讨所得的概论

我国对智能化背景下互联网企业创新与企业经营绩效的影响机理研究偏少，相对其他研究而言，还没有形成一个完整的研究体系，所以，本书以互联网企业为研究对象，分析并构建技术创新、管理创新、用户体验与企业经营绩效之间的理论模型，探索用户体验的中介作用，不仅有对前人研究的整理，也有新的研究突破。

从实践方面来说，本书研究了智能化背景下互联网企业技术创新和管理创新对企业经营绩效的影响，可以促使互联网企业强化对技术创新和管理创新重要性的认知，意识到技术创新和管理创新存在的机遇与挑战。本书的研究也可以给希望通过技术创新和管理创新进一步提升企业经营绩效的传统企业以启示，即如何通过技术创新和管理创新实现数字化转型？是通过技术创新和管理创新的单独作用，还是通过二者的协同作用提升企业经营绩效？

基于此，本书以402份有效调查问卷所获得的数据样本为研究样本，探究技术创新、管理创新、用户体验与企业经营绩效之间的逻辑关系。首先，对样本数据进行了描述性统计,并得出各项数据的基本情况。其次,进行分组检验:技术创新对企业经营绩效的影响;管理创新对企业经营绩效的影响;技术创新与管理创新的关系;技术创新对用户体验的影响;管理创新对用户体验的影响,用户体验对企业经营绩效的影响,以及用户体验对技术创新、管理创新和企业经营绩效的中介作用。

根据信度分析,验证调查数据是否可信,以及可信度的大小;根据效度分析,验证调查数据是否有效,以及有效度的大小。由于综合因子包含多元变量,而常用的相关系数只能分析两个变量之间相关性的大小,对综合因子之间的相关性无能为力,本书采用典型相关性分析。针对获得的调查数据,本书运用回归分析模型验证提出的理论假设。针对本书所提出的 14 个假设进行一一验证,研究结论表明有 14 个假设均得到了支持。

本书深刻揭示了技术创新、管理创新、用户体验与企业经营绩效之间的相互作用,对我国互联网企业通过技术创新和管理创新提升企业经营绩效具有较强的现实及理论借鉴意义。

5.2 结论

本书以智能化背景下的互联网企业为研究对象,在文献回顾的基础上,以 402 份有效调查问卷获取的数据为研究样本,运用因子分析、典型相关性分析和多元回归分析实证剖析了技术创新、管理创新、用户体验与企业经营绩效之间的交互关系,为互联网企业技术创新和管理创新路径设计提供了理论和实践依据。基于上述实证分析结果,本书的研究结论如下。

第一,技术创新对企业经营绩效具有正向影响作用。本书通过典型相关分析证实了技术创新与企业经营绩效之间存在正相关关系,说明互联网企业在改进经营绩效的过程中开展技术创新是有效的;同时,通过多元回归分析证实了技术创新的三个维度(技术创新支持、技术创新文化和技术创新产出)对企业经营绩效存在显著的正向影响作用。为提高企业经营绩效,互联网企业应提高研发强度,增加研发人员比例。同时,互联网企业应倡导勇于创新的精神，对失败采取宽容的态度，在企业内部建立良好的企业创新文化氛围；鼓励员工分享知识和信息，持续深入地学习，对员工进行先进技术知识培训工作；努力制定出高效、完备的创新激励机制。企业要鼓励员工勇于探索未知领域，在已有成果的基础上敢于超越和创新。任何技术创新活动和新产品的研发均具有巨大的风险性，任何创新均不能保证一帆风顺，在做好技术创新风险评估的同时，企业领导要意识到想要创新就要允许失败，失败是成功之母。同时，还要在企业内部建立起自由、友好的交流氛围。有良好的技术创新文化，又有比较适当的条件，创新人员就能发挥作用。为了保障信息和知识得到共享，一定要确保在团队内部之间、团队与公司的其他部门之间、团队与其他企业的相关部门之间均可以进行有效的交流和学习。如果研发人员在技术创新层面做出了巨大贡献，企业应该给予足够的重视，并在物质奖励和非物质奖励两个层面予以奖励。这样可以传递出一个信号，即企业非常重视创新理念，同时在一定程度上能增强创新团队成员的创新意愿。

第二，管理创新对企业经营绩效具有正向影响作用。本书通过典型相关分析证实了管理创新与企业经营绩效之间存在正相关关系，说明互联网企业在提升经营绩效的过程中开展管理创新是有效的；同时，通过多元回归分析证实了管理创新的四个维度（资源整合创新、资源配置创新、资源重构创新和借助外部资源）对企业经营绩效存在显著的正向影响。

为提升企业经营绩效，互联网企业应重视与其他企业的合作交流。对于其他企业在管理创新方面成功的经验和成果，企业应积极学习并加以分析，结合企业自身情况选择性地吸收并加以应用，同时，要重视对企业高层管理人员的培训，以及创新氛围和创新文化的建立。因为鼓励创新和民主的氛围对员工参与企业管理和决策有积极的影响作用，而员工参与企业管理可以促使企业持续优化管理方式和管理流程，对企业管理效率的提高具有促进作用。此外，企业还应注意管理创新和技术创新并不是割裂开来的，二者之间要协同发展。企业的各项活动是相互联系的，并不是完全独立的，企业是一种集合体，包含多种能力和资源。

在智能化时代，技术、市场、客户等内外部环境瞬息万变，互联网企业应明确自身所拥有的企业文化、知识、资源和能力，并且根据目标客户的需求确定企业定位。互联网企业要充分利用内外部的关键资源，协同发展，充分发挥相互之间的协同效应。互联网企业的高层领导应负责成立专门的创新联盟联络小组，小组成员应包括企业的技术骨干和公关人员等。创新联盟的企业与政府部门、其他的创新联盟的企业、高等院校和科研机构之间的关系应由联络小组负责沟通。为保障产学研创新联盟的有效运行，互联网企业应对产学研创新联盟增加资金投入，投入资金的使用对象和使用方向应由联络小组负责监督。为保证联盟高效运行，联络小组还要激发联盟的积极性，并跟进联盟动向。

第三，技术创新与管理创新呈正相关关系。本书通过典型相关分析证实了技术创新与管理创新之间存在正相关关系；同时，通过多元回归分析证实了技术创新的三个维度（技术创新支持、技术创新文化和技术创新产出）对管理创新存在显著的正向影响。管理创新与技术创新之间相互促进、相互影响，二者之间存在密切的关系。一方面，管理创新所需的内在动力和外部环境均由技术创新提供，技术创新对管理创新起推动和促进作用，是管理创新的技术基础和支撑。另一方面，在技术创新过程中，企业通过合理选择管理创新模式，通过该模式对技术创新系统进行合理的资源配置，管理创新为技术创新提供所需的资金，为技术创新的开展提供保障，对技术创新的开发流程进行优化，提升企业的管理能力。而且，在相当大的程度上组织结构、人员管理和运行程序等环节的合理配置是技术创新成功的关键因素，这些管理环节可以由管理创新进行优化协调，因此，管理创新是企业技术创新成功的保障及基础条件。

第四，用户体验在技术创新和企业经营绩效之间起中介作用。本书通过典型相关性分析证实了技术创新与用户体验、用户体验与企业经营绩效之间存在正相关关系；同时，通过多元回归分析证实了技术创新的三个维度（技术创新支持、技术创新文化和技术创新产出）对用户体验存在显著的正向影响；用户体验的四个维度（感官体验、内容体验、功能体验和价值体验）对企业经营绩效存在显著的正向影响。技术与市场并不是割裂的，企业技术创新的驱动力来源于市场，技术成果和新产品的最终流向也是市场。高科技产品与服务更新换代速度快，产品与服务的生命周期短，性能和价格趋同的趋势加快，企业之间的竞争最终必然从技术和产品转向用户。所以，互联网企业要想获得持续的利润流入，在通过技术创新提升产品和服务竞争力的同时，应重视用户体验，利用移动互联网、人工智能等技术创新持续提升用户体验，并以此提升企业的竞争能力与企业经营绩效。通过技术创新优化产品结构、提升产品质量、丰富产品内涵，以提高用户满意度及其消费体验价值，是互联网企业提升核心竞争力以获得可持续发展的重要途径。

第五，用户体验在管理创新和企业经营绩效之间起中介作用。本书通过典型相关性分析证实了管理创新与用户体验、用户体验与企业经营绩效之间存在正相关关系；同时，通过多元回归分析证实了管理创新的四个维度（资源整合创新、资源配置创新、资源重构创新和借助外部资源）对用户体验存在显著的正向影响；用户体验的四个维度（感官体验、内容体验、功能体验和价值体验）对企业经营绩效存在显著的正向影响。企业有效的管理创新可提高技术活动的效率，使技术创新的成果更加快速、高效地进入用户视野，激发用户消费的欲望，加速技术创新的商业化进程。技术创新的成果需要管理活动的推动才能最终走向市场，提高用户体验，因为用户体验的提升可以增加用户黏度、浏览量和下载量，提高用户体验可以显著提升企业经营绩效。

第六，在智能化背景下的互联网企业通过技术创新和管理创新改进了企业经营绩效的可行路径。本书构建了技术创新、管理创新与企业经营绩效的分析框架模型，基于智能化的视角建立了技术创新、管理创新（自变量）—用户体验（中介变量）—经营绩效（因变量）之间的关系模型与作用路径。该模型对用户体验的前因变量和企业绩效同时展开研究，并从理论和实证角度进行分析论证，丰富了有关技术创新和管理创新的研究内容，为后续研究提供了新的视野。本书将创新分为技术创新和管理创新两个维度进行量化实证分析。对技术创新、管理创新与企业经营绩效的关系，技术创新、管理创新与用户体验的关系，用户体验与企业经营绩效的关系进行了相关验证，同时，验证了用户体验在技术创新、管理创新与企业经营绩效关系之间的中介作用，拓展了创新的适用范畴。通过技术创新、管理创新提高用户体验，再通过用户体验促进企业经营绩效的提升。

5.3 启示

由于技术创新和管理创新已逐渐成为互联网企业成功的驱动力，影响技术创新、管理创新与企业经营绩效之间关系的因素得到了学术界越来越多的关注。本书以互联网企业为研究对象，在文献回顾的基础上，通过理论和实证研究得出的相关结论对智能化背景下互联网企业的技术创新和管理创新实践有重要启示。据此，本节从技术创新、管理创新及二者之间的协同效应三个视角出发，进一步探究互联网企业的绩效提升方案。本书的研究结果表明，技术创新、管理创新、用户体验对企业经营绩效具有积极作用，同时用户体验还起到中介作用。

5.3.1 建立企业技术创新机制

研究结果表明，技术创新对用户体验和企业经营绩效均有重要影响，互联网企业应高度重视技术创新的重要性。互联网企业为建立有效的技术创新机制应做到如下几点。

第一，为不断提高互联网企业的运行效率、核心竞争力，企业应建立创新文化氛围，通过大胆实践和信息知识的共享，使企业的技术发展形成螺旋式上升的趋势。

第二，对失败要采取宽容的态度，对创新的精神要倡导。在技术创新活动中，企业要建立一个足够自由的创新环境。在这个环境中，创新团队拥有足够的自主权，员工拥有较强的创新意愿，员工可以毫无压力地表达自己的观点，积极、主动地参与创新活动。

第三，企业应鼓励员工分享知识和信息，鼓励员工持续深入地学习，对员工开展先进技术知识培训。企业要让员工时刻掌握最先进的技术和知识，并为未来的技术创新打下坚实的基础，定期对员工进行创造性思维的训练。

第四，智能化背景下的互联网企业一般都具有较为强大的技术能力，企业往往会专注于获取并应用先进技术以推出新的产品与服务，以满足用户的需求，提高用户体验，以期提高企业的竞争能力与经营绩效。

5.3.2　建立企业管理创新机制

互联网企业应结合自身发展的特点选择适宜的、有效的管理模式，并将其与经营绩效相关联。互联网企业为建立有效的管理创新机制应做到如下四点。

第一，为了在企业运营中实现效应最优，企业应注重培养企业的协同文化和氛围。在促进企业员工具有良好协同合作意识的过程中，全面深入的协同文化和氛围起到巨大的作用，企业应通过制度激励员工执行和贯彻这种协同机制。互联网企业应注重与供应商、客户、其他企业甚至是竞争对手等利益相关方的组织协同，实现"1＋1＞2"的协同效应。

第二，对于所获取的创新资源，企业应通过管理创新进行有效的整合，如通过创新价值主张为用户提供新的解决方案、定义新的市场，并持续组织一系列的价值创造活动，包括技术创新能力的培养、新的合作关系的建立、创新组织机构的成立等，并建立持续的盈利模式，设置合理的成本结构，将创新的产品与服务实现市场化，以此提升企业经营绩效。

第三，互联网企业的管理创新是一个异常复杂的过程。互联网企业要与政府部门经常保持联系，并形成产学研创新联盟，同时，企业不能仅仅依靠自身的力量，还必须依靠和借助外部资源，要充分调动科研机构、高校和其他企业的积极性。

第四，创新联盟合作会涉及众多的知识转移和大量的技术创新，为保障和促进产学研创新联盟持续、快速地发展，各创新联盟主体必须派专人负责和监督知识产权保护法、知识产权保护工作。

5.3.3 技术创新和管理创新路径的选择

在创新的过程中，企业不仅要关注每一个创新驱动因子，也需要将多项创新驱动因子有机地整合在一起，因此，创新是一项复杂的工程。在智能化背景下，市场的不确定性增加，各种新技术、新业态和新模式不断涌现，企业应在考查组织所处的内外部环境、企业自身资源与能力的基础上协同内外部资源进行创新。系统创新必须综合考虑企业所拥有的各类资源、用户需求和利益相关者的关系，因此，创新既不是服务层面的创新，也不是简单的产品创新。

（1）渐进式创新。

通过对技术创新、管理创新等创新驱动因子实现"点"的创新，不断完善现有的创新机制，就会取得渐进式创新，这是对创新机制的维护性创新，不会改变原有创新机制的性质。对于处在智能化背景下的互联网企业来说，通过基于数据的协同实现组织内部信息的对称性就是一种渐进式创新，如在与美术、工业设计类大学外部组织合作开展外观设计就是一种基于协同的渐进式创新。

（2）突破式创新。

突破式创新就是打破现有的创新路径和框架，构建一种全新的创新路径和框架。对于处在智能化背景下的互联网企业来说，如果通过突破式创新，企业可以采取与富士康等第三方代工厂商开展 ODM/OEM（原始设计制造商/原始设备制造商）合作的方式，由代工方负责产品的制造、物流与售后维修等业务。企业仅仅负责一些高价值的活动，如市场推广，对品牌进行建设，对产品进行设计。在价值链上构建品牌方、设计方、制造方、市场方等协同价值共同体。

5.4 建议

根据理论和实证研究得出的相关结论，本书从政府和行业、企业和管理者的视角探究互联网企业经营绩效提升方案，基于此，本节根据设计的方案给出具体的实施策略与建议。

5.4.1 对政府和行业组织的建议

政府和行业组织应把握智能化的特点，在不影响新模式、新业态发展积极性的前提下，充分发挥政府和行业的引导作用，创新监管方式、完善监管体系，以促进智能化健康发展，构建起政府、行业和企业协同共赢的良好政策和制度环境。本书对政府和行业组织提出如下对策和建议。

第一，政府应重点发展数字经济相关产业，把大数据、云计算、人工智能等数字产业列为国家未来经济发展的重点对象，推动产学研一体化协同创新，实现新旧动能转换。

第二，加大对智能化背景下的互联网企业技术创新和管理创新的鼓励与扶持力度。应根据人工智能发展的需要出台具有引导性的产业政策和金融政策，引导和激励企业开展技术创新和管理创新活动。在制定人工智能监管政策时，要确立"以发展为中心百花齐放"的原则，应采用市场化监管手段，尽量避免行政化监管手段。

政府应营造公平竞争的市场环境，在此环境中鼓励和支持互联网企业进行创新，通过技术创新和管理创新发展新模式和新业态。

第三，已有研究成果表明，税收优惠政策对企业创新具有一定的推动作用，为鼓励互联网企业持续提升技术创新和管理创新能力，政府可实施相关的监管措施、扶持政策和税收优惠政策。

5.4.2 对智能化背景下互联网企业的建议

在智能化时代，高科技产品的更新速度快，产品生命周期趋短，在性能和价格趋同的情况下，企业之间的竞争将由价格和产品转向技术和管理，互联网企业一定要保持技术创新能力。但是仅依靠技术创新并不一定能保证企业成功，企业还需要通过管理创新将技术投入转化为经济价值。基于以上研究结论，本书针对互联网企业提出如下对策和建议。

（1）互联网企业应重视培养与提升企业的技术创新能力，通过三个途径提升企业的技术创新能力。

第一，提高企业研发投入强度，为企业技术创新提供资金支持；第二，引进高素质人才，为企业提供创新动力；第三，建立与其他企业、科研机构和高等院校之间的合作关系，发挥协同效应。

（2）互联网企业要注重管理创新与技术创新的配合。

管理创新的保障是管理人员的创新经验和意识，企业高层管理人员的素质和见识是管理创新的关键。

5.4.3　对企业决策者和高级管理者的建议

虽然技术创新和管理创新已经成为企业界关注的重要话题，也有很多成功的实例，但是企业决策者和高级管理者对在什么样的情况下应开展技术创新和管理创新，应通过哪些驱动因子实施技术创新和管理创新，以及在技术创新和管理创新的实施过程中应给予何种支持并没有形成清晰、一致的认识。本书对企业决策者和高级管理者提出如下建议。

第一，为实现技术创新和管理创新，企业高层管理者应开发符合新范式的服务与技术、协同发展价值网络中的互补资产、有意识地培养自身的能力和资源、对组织结构进行调整。

第二，对待新事物，企业高层管理者应具备结构化的认知，因此企业高层管理者可以从内部主动地驱动技术创新和管理创新的持续运行。实际上，就是由内而外地充分利用驱动因素实现商业模式创新，在实施创新前，应思考"企业拥有哪些资源和优势""企业面临哪些困难"，深刻理解企业在价值网络中的价值。此外，还应思考"企业与哪些伙伴合作可以产生协同效应"。

第三，企业高层管理者需要明确用户在技术创新和管理创新中的核心地位，要不断思考如何将自己创造的价值传递给用户，更要思考如何针对用户创造出更多的价值，提高用户价值，以吸引和维持更多的用户。

5.4.4　对后续研究的建议

在智能化时代，互联网企业如何通过技术创新和管理创新提升经营绩效，是企业管理者必须考虑的关键问题。本书为探究智能化对互联网企业生存及成长的独特作用，构建智能化背景下技术创新、管理创新、用户体验与互联网企业经营绩效的关系模型，探讨用户体验分别在技术创新、管理创新与互联网企业经营绩效间的中介作用，旨在揭示智能化背景下互联网企业经营绩效提升的内在机理。本书对技术创新和管理创新与企业经营绩效关系的理论与实证研究，为企业通过技术创新和管理创新提升企业经营绩效提供了研究支持。本书具有一定的现实意义和理论意义。然而，本书仍存在一些研究不足，在以下几个方面还有待进行深入研究和探讨。

第一，对研究样本的选择建议。从地域角度来看，本书的研究样本主要来自广东省、江苏省、浙江省、上海市和北京市等地区，并不能覆盖我国互联网企业的地区范围。因此，为使研究结构具有普适性，本书的后续研究将采用更为广泛的样本，以使研究结果更具普适性。后续也可以按地区开展具有针对性的研究或考虑对发达地区与待发展地区的互联网企业开展具有比对性研究。从企业规模和成熟度的角度来看，不同企业拥有的资源、能力和所面对的挑战是不一样的，可以从大企业与小企业的维度，成熟企业和初创企业的维度开展研究。本书的研究结论欠缺一定的普适性和推广性，有待于进一步验证。

第二，对变量的选择建议。与经营绩效相关的影响因子有很多，但限于研究变量的多维性和数据的可得性，本书从最基础的技术创新和管理创新两个自变量进行深入分析和研究。同时，本书仅验证了技术创新、管理创新与企业经营绩效间的关系，但对技术创新与管理创新的协同效应未做深入细致的研究，后续研究可对技术创新与管理创新的协同或匹配效应进行深入的探讨。

第三，对研究视角的建议。提升企业经营绩效的创新角度比较多，如商业模式创新、产品创新、社会创新等，后续可以考虑在智能化背景下，研究多种创新协同对互联网企业经营绩效的作用机理。不同规模、行业及区域的互联网企业所面临的内外部环境和挑战都存在较大差异，因此，后续研究需要从多个维度和层面进行深入探讨，如考虑按行业采用不同的因子开展研究，以全面解析影响因子、创新与经营绩效的作用机理和交互关系。

参考文献

[1] 白戈. 营销能力与企业创新行为关系研究［D］. 成都：西南财经大学，2010.

[2] 白俊红，蒋伏心. 协同创新、空间关联与区域创新绩效［J］. 经济研究，2015（7）：174-187.

[3] 包菊芳. 坚持管理创新和改革促进企业技术创新［J］. 技术经济，2002（4）：22-24.

[4] 暴海忠，李学强. 目标管理理论在民办本科院校管理中的应用［J］. 高教探索，2016（S1）：156-157.

[5] 蔡莉，肖坚石，赵镝. 基于资源开发过程的新创企业创业导向对资源利用的关系研究［J］. 科学学与科学技术管理，2008（1）：98-102.

[6] 曹惇文. 浅析大数据对企业管理决策的影响［J］. 中小企业管理与科技（中旬刊），2015（9）：23.

[7] 曹兴，张伟，张云. 战略性新兴产业自主技术创新能力测度与评价［J］. 中南大学学报（社会科学版），2017（23）：109.

[8] 常修泽. 现代企业创新论［M］. 天津：天津人民出版社，1994.

[9] 常赵鑫. 移动图书馆用户体验指标体系研究与实践［D］. 重庆：重庆大学，2017.

[10] 陈虹. 目标管理理论对提升事业单位员工绩效的研究［J］. 管理观察，2018（8）：73-74.

［11］陈红花，尹西明，陈劲，等．基于整合式创新理论的科技创新生态位研究［J］．科学学与科学技术管理，2019（5）：3-16.

［12］陈力丹，史一棋．重构媒体与用户关系——国际媒体同行的互联网思维经验［J］．新闻界，2014（24）：75-80.

［13］陈其安，张慧．系统风险冲击、企业创新能力与股票价格波动性：理论与实证［J］．中国管理科学，2021（3）：1-13.

［14］陈武．基于企业绩效贡献的管理创新成效评价［J］．技术经济与管理研究，2015（3）：37-42.

［15］陈武，柴莹，王新令．现代企业集团管理创新成效评价框架体系及其模型构建［J］．中国科技论坛，2016（10）：18-25.

［16］陈武，何琬，钱婷．基于增量绩效的企业管理创新成效评价［J］．技术经济与管理研究，2015（1）：17-21.

［17］陈晓红，曹裕，马跃如．基于外部环境视角下的我国中小企业生命周期——以深圳等五城市为样本的实证研究［J］．系统工程理论与实践，2009（1）：66-74.

［18］陈晓辉．目标管理的适用性及其应用［J］．福建质量管理，2017（15）：54-55.

［19］陈修德，彭玉莲，卢春源．中国上市公司技术创新与企业价值关系的实证研究［J］．科学学研究，2011（1）：138-146.

［20］陈雅义．国际化程度对企业绩效影响研究［D］．柳州：广西科技大学，2019.

［21］陈奕林，尹贻林，钟炜．BIM技术创新支持对建筑业管理创新行为影响机理研究——内在激励的中介作用［J］．软科学，2018（11）：69-72.

［22］陈忠谊，阮爱清．温州高新技术制造业企业创新能力评价［J］．技术与创新管理，2020（1）：12-17.

［23］崔保国，郑维雄，何丹嵋．数字经济时代的传媒产业创新发展［J］．新闻战线，2018（6）：73-78.

［24］崔竞烽，郑德俊，孙钰越，等．用户体验视角下的图书馆微信公众

平台满意度研究［J］．图书馆论坛，2018（3）：133-140.

［25］崔筱婷，曲洪建．跨境电商平台用户体验对服装消费者购买意愿的影响——基于来源国形象的调节作用［J］．丝绸，2020（4）：52-61.

［26］戴艳清，戴柏清．中国公共数字文化服务平台用户体验评价：以国家数字文化网为例［J］．图书情报知识，2019（5）：80-89.

［27］丁金虎，吴祐昕．自然用户界面用户体验设计研究［J］．设计，2019（23）：65-67.

［28］董铠军，吴金希．创新理论发展的四阶段论：回顾与解读［J］．自然辩证法研究，2018（2）：60-65.

［29］杜连雄，张剑．主动环境行为与技术创新对企业绩效的影响［J］．华东经济管理，2020（1）：121-128.

［30］段超．基于产业链的战略管理研究［J］．统计与管理，2017（3）：55-56.

［31］段菲菲，翟姗姗，池毛毛．手机游戏用户黏性影响机制研究：整合 Flow 理论和 TAM 理论［J］．图书情报工作，2017（3）：21-28.

［32］段姗，蒋泰维，张洁音，等．区域企业技术创新发展评价研究——浙江省、11 个设区市及各行业企业技术创新评价指标体系分析［J］．中国软科学，2014（5）：85-96.

［33］方丽娜．组织目标管理理论的渊源、形成及在我国的应用［J］．经营与管理，2017（1）：73-75.

［34］冯鸣，吴祐昕．交互设计思维在 UGC 产品设计中的应用［J］．设计，2018（7）：128-130.

［35］冯雪飞，董大海，张瑞雪．互联网思维：中国传统企业实现商业模式创新的捷径［J］．当代经济管理，2015（4）：20-23.

［36］傅国华．运转农产品产业链，提高农业系统效益［J］．中国农垦经济，1996（11）：24-25.

［37］傅家骥．技术创新学［M］．北京：清华大学出版社，1998.

［38］傅贤治，杜丽燕．企业管理创新能力评价的变革引擎模型研究［J］．

科技进步与对策，2012（12）：117-121.

［39］宫承波，梁培培．从"用户体验"到"媒体用户体验"——关于媒体用户体验几个基本问题的探析［J］．新闻与传播评论，2018（1）：66-73.

［40］龚勤林．产业链延伸的价格提升研究［J］．价格理论与实践，2004（3）：33-34.

［41］宫元娟，李庆东，何勇．技术经济学［M］．北京：中国农业大学出版社，2002.

［42］关磊．高校数字图书馆网站用户持续使用意愿研究——基于用户体验、TAM 和 ECM 的整合模型［J］．图书馆工作与研究，2020（2）：48-59.

［43］郭九成，朱孔来．论自主创新能力的概念、内涵及构成要素［J］．生产力研究，2008（21）：16-17.

［44］韩亚峰，张占东，赵叶．技术来源、空间溢出与创新价值链提升：协同抑或挤占［J］．财经论丛，2020（8）：12-21.

［45］郝潇．上市公司内部控制对财务绩效的影响研究——基于医药制造业的实证分析［D］．太原：山西财经大学，2015.

［46］何波．新冠肺炎疫情对我国在全球产业链地位的影响及应对［J］．国际贸易，2020（6）：45-52.

［47］何鹏．我国中小企业创新力研究——基于成长的研究视角［C］．长沙：中南大学，2006.

［48］何乔，温菁．管理创新与技术创新匹配性对企业绩效的影响［J］．华东经济管理，2018（7）：126-132.

［49］何晓群．多元统计分析［M］．5版．北京：中国人民大学出版社，2019.

［50］侯曙光．技术进步是国有企业提高绩效的必由之路——以山鹰公司技术改造为案例的思考［J］．技术经济，2000（5）：19-21.

［51］黄灿．政治关联能改善民营企业的经营绩效吗——基于全国民营企业抽样数据的再研究［J］．财经问题研究，2013（12）：102-109.

［52］黄华．当前高端装备制造企业的管理突破——基于典型案例的组织

创新与技术创新匹配研究［J］. 河南社会科学, 2020（5）: 56-63.

［53］黄群慧. 论中国工业的供给侧结构性改革［J］. 中国工业经济, 2016（9）: 5-23.

［54］黄珊珊, 邵颖红. 高管创新意识、企业创新投入与创新绩效——基于我国创业板上市公司的实证研究［J］. 华东经济管理, 2017（2）: 151-157.

［55］黄炜, 李总苛, 黄建桥. 移动应用程序（APP）评价指标体系研究［J］. 图书与情报, 2016（3）: 110-117.

［56］黄晓芳. 中国石化产业技术创新能力测度研究［D］. 北京: 北京化工大学, 2017.

［57］黄攸立, 陈如琳. 企业创新绩效影响因素的研究综述［J］. 北京邮电大学学报（社会科学版）, 2010（4）: 71-77.

［58］贾春香, 刘艳娇. 公司治理结构对企业创新绩效的影响——基于研发投入的中介作用［J］. 科学管理研究, 2019（2）: 117-121.

［59］江洪, 张晓丹, 杜妍洁. 技术机会识别中企业匹配度探索性因子分析［J］. 知识管理论坛, 2017（1）: 9-21.

［60］江积海, 沈艳. 制造服务化中价值主张创新会影响企业绩效吗——基于创业板上市公司的实证研究［J］. 科学学研究, 2016（7）: 1103-1110.

［61］江恬, 陈欢. 基于因子分析的农业上市公司经营绩效评价［J］. 统计与管理, 2020（3）: 70-74.

［62］姜铸, 李宁. 服务创新、制造业服务化对企业绩效的影响［J］. 科研管理, 2015（5）: 29-37.

［63］金建楠, 杨浩. 从自体心理学角度探究新媒体时代的用户体验［J］. 新闻研究导刊, 2019（20）: 55-56.

［64］金玉石. 基于灰色关联模型的省域技术创新能力测度［J］. 统计与决策, 2019（4）: 59-62.

［65］荆树伟, 牛占文. 管理创新对企业创新贡献的定量研究［J］. 科技进步与对策, 2015（16）: 105-109.

［66］李波, 陈喆. 用户关系重构: 电视媒体融合的现实选择［J］. 军事

记者，2016（2）：47-48.

［67］李琛琛. 快递服务业顾客体验与顾客忠诚的关系研究［D］. 南宁：广西大学，2014.

［68］李晨凯，邹家志，王靖宇. 企业创新管理方式选择与创新绩效研究［J］. 营销界，2021（24）：123-124.

［69］李春发，李冬冬，周驰. 数字经济驱动制造业转型升级的作用机理——基于产业链视角的分析［J］. 商业研究，2020（2）：73-82.

［70］李东鹏. 目标管理理论视角下大学生就业能力研究［J］. 黑龙江高教研究，2016（12）：49-52.

［71］李飞，邵怀中，邹晓东，等. 适用于发展中国家的创新范式：开放式颠覆创新理论框架［J］. 科技进步与对策，2016（3）：1-6.

［72］李康，等. 动态管理能力与企业创新绩效的关系——商业模式设计的中介作用［J］. 科学管理研究，2020（10）：174-181.

［73］李培楠，赵兰香，万劲波. 创新要素对产业创新绩效的影响——基于中国制造业和高技术产业数据的实证分析［J］. 科学学研究，2014（4）：604-612.

［74］李顺利. 政务新媒体互动性对用户黏性的影响：感知价值的中介效应［J］. 智库时代，2018（37）：144-146.

［75］李卫忠，等. 知识获取、R&D资本对技术创新绩效的影响研究——兼议所有权性质和内部治理结构的调节效应［J］. 科学管理研究，2020（13）：226-233.

［76］李稳稳. 基于制度环境与内部控制研究社会责任对财务绩效的影响［J］. 广西质量监督导报，2019（10）：172.

［77］李武威. 外部创新源、创新能力与企业创新绩效关系研究［J］. 企业经济，2015（6）：44-50.

［78］黎小林，范丽进，王海忠，等. 用户体验如何影响特卖移动电商的绩效——基于两个移动APP的多模态话语分析［J］. 品牌，2017（4）：6-17.

［79］李莹. 企业管理创新与技术创新需协同互促［J］. 浙江经济，

2019（7）：57-57.

［80］李中圆. 目标管理理论在市场营销中的应用［J］. 江苏商论，2016（25）：20-21.

［81］廖理，姜彦福. 国有企业的技术创新、组织创新与制度创新［J］. 技术经济，1996（9）：33-35.

［82］林海明，刘照德，詹秋泉. 因子分析综合评价应该注意的问题［J］. 数理统计与管理，2019（6）：1037-1047.

［83］林敏，张田田. 中国中小企业技术创新政策对技术绩效的影响研究［J］. 科学管理研究，2019（6）：88-92.

［84］刘爱玲. 科技型中小企业管理创新能力对企业绩效的影响研究［D］. 南宁：广西大学，2015.

［85］刘刚，王丹，李佳. 高管团队异质性、商业模式创新与企业绩效［J］. 经济与管理研究，2017（4）：105-114.

［86］刘锦英. 技术创新与价值创新的关系状态：分离与融合［J］. 科学管理研究，2018，36（6）：18-21.

［87］刘立波，沈玉志. 管理创新能力对组织绩效影响的实证研究［J］. 华东经济管理，2015（6）：163-169.

［88］刘明宇，芮明杰. 价值网络重构、分工演进与产业结构优化［J］. 中国工业经济，2012（5）：148-160.

［89］柳卸林. 市场和技术创新的自组织过程［J］. 经济研究，1993（2）：36-39.

［90］刘照德，詹秋泉，田国梁. 因子分析综合评价研究综述［J］. 统计与决策，2019（19）：68-73.

［91］刘炤旭. 建筑企业产业链的优化研究［J］. 商业经济，2017（8）：44-45.

［92］刘震，赵妍丹. 数字经济下现代企业管理的创新趋势研究［J］. 四川冶金，2018（3）：10-12.

［93］刘志彪. 产业链现代化的产业经济学分析［J］. 经济学家，2019（12）：

5-13.

［94］刘钟曲. 中国制造业技术创新效率的测度与评价［J］. 福建质量管理, 2018（20）：187.

［95］罗红霞, 罗欢. 西方公共部门目标管理理论发展述要［J］. 广州大学学报（社会科学版）, 2014（2）：66-71.

［96］罗洪云, 张庆普. 知识管理视角下新创科技型小企业突破性技术创新能力评价指标体系构建及测度［J］. 运筹与管理, 2016（1）：175-184.

［97］罗庆朗, 蔡跃洲, 沈梓鑫. 创新认知、创新理论与创新能力测度［J］. 2020（2）：185-191.

［98］罗一飞. 国企改革背景下人力资源管理对企业技术创新的影响［J］. 中国商论, 2020（2）：151-152.

［99］吕越, 邓利静. 全球价值链下的中国企业"产品锁定"破局——基于产品多样性视角的经验证据［J］. 管理世界, 2020（8）：83-98.

［100］马朝良. 产业链现代化下的企业协同创新研究［J］. 技术经济, 2019（12）：42-50.

［101］牟宇鹏, 丁刚, 张辉. 人工智能的拟人化特征对用户体验的影响［J］. 经济与管理, 2019（4）：51-57.

［102］倪红福. 全球价值链中产业"微笑曲线"存在吗——基于增加值平均传递步长方法［J］. 数量经济技术经济研究, 2016（11）：111-126.

［103］彭本红, 屠羽, 张晨. 移动互联网产业链的商业生态模式［J］. 科技管理研究, 2016（17）：128-133.

［104］齐二石, 陈果. 商业模式创新理论分类与演化述评［J］. 科技进步与对策, 2016（6）：155-160.

［105］秦佩恒, 赵兰香, 万劲波. 中低技术企业创新模式与创新绩效研究——基于中国制造业创新调查的实证分析［J］. 科研管理, 2016（11）：26-34.

［106］任维政, 赵斌, 刘柏良, 等. 基于用户体验的互联网产品差异化设计探究［J］. 科技风, 2018（23）：1-1.

[107] 芮明杰. 现代企业管理创新 [M]. 太原：山西经济出版社，1998.

[108] 单春霞，仲伟周，张林鑫. 中小板上市公司技术创新对企业绩效影响的实证研究——以企业成长性、员工受教育程度为调节变量 [J]. 经济问题，2017（10）：66-73.

[109] 沈强. 基于"目标管理理论"的高师体育教育专业人才培养目标管理探析 [J]. 体育与科学，2014（2）：105-108.

[110] 史慧君，王承云. 上海城市内部创新能力测度及区域差异分析 [J]. 城市学刊，2020（1）：64-69.

[111] 施米特. 体验营销：如何增强公司及品牌的亲和力 [M]. 刘银娜，高靖，梁丽娟，译. 北京：清华大学出版社，2004.

[112] 宋志刚，肖文君，兰雪. 我国现代企业的管理创新评价体系研究 [J]. 商场现代化，2006（26）：93.

[113] 苏敬勤，林海芬. 管理创新研究视角评述及展望 [J]. 管理学报，2010（9）：1343-1349.

[114] 苏中锋，孙燕. 不良竞争环境中管理创新和技术创新对企业绩效的影响研究 [J]. 科学学与科学技术管理，2014（6）：110-118.

[115] 孙慧，王慧. 政府补贴、研发投入与企业创新绩效——基于创业板高新技术企业的实证研究 [J]. 科技管理研究，2017（12）：111-116.

[116] 孙聘. 基于用户体验的微课评价指标体系设计 [J]. 现代教育技术，2015（3）：63-68.

[117] 孙晓军，周宗奎. 探索性因子分析及其在应用中存在的主要问题 [J]. 心理科学，2005（6）：1440-1442.

[118] 孙莹. 基于价值系统视角的破坏性创新理论综述 [J]. 科技管理研究，2016（12）：24-29.

[119] 田云玲，等. 技术创新、公司治理与企业绩效研究——基于潮汕地区制造业上市公司数据 [J]. 商业会计，2020（13）：43-46.

[120] 万志芳，马晓琳. 基于熵值法的木材工业技术创新能力动态评价 [J]. 统计与决策，2020（1）：72-76.

［121］王海霞. 目标管理理论的应用与思考［J］. 经营管理者，2014（21）：52-53.

［122］王建民. 企业管理创新理论与实务［M］. 北京：中国人民大学出版社，2003.

［123］王倩. 企业社会责任与企业财务绩效的关系研究［D］. 杭州：浙江大学，2014.

［124］王睿. 独角兽概念企业绩效评价体系研究［D］. 上海：上海师范大学，2020.

［125］于铁男，徐云咪. 管理创新能力调节下技术创新能力对企业绩效的影响［J］. 技术经济，2012（10）：25-32.

［126］王先庆，等. 人工智能与产品类型匹配度对用户体验的影响研究——基于准社会互动视角［J］. 商业时代，2020（10）：67-69.

［127］王晓辉，林琳. 中小企业管理创新关键因素研究［J］. 财经问题研究，2011（11）：104-108.

［128］王炎龙，邱子昊. 人工智能时代出版产业链重构研究［J］. 编辑之友，2019（5）：29-33.

［129］魏笑笑. 基于用户体验的互联网产品设计应用研究［J］. 现代计算机（专业版），2014（8）：63-68.

［130］吴剑峰，乔璐，杨震宁. 新兴市场企业的国际化水平、研发管理与技术创新绩效的关系研究［J］. 国际商务（对外经济贸易大学学报），2016（4）：140-151.

［131］吴金希. 创新生态体系的内涵、特征及其政策含义［J］. 科学学研究，2014（1）：44-51.

［132］吴婷婷. 互联网背景下用户体验对企业合作绩效的影响研究［D］. 杭州：浙江工商大学，2017.

［133］吴为民. 面向客户体验的业务品质管理创新研究［J］. 信息通信，2019（10）：239-240.

［134］武文鼎. 以目标管理为导向的绩效考核模式探析［J］. 贵州电力

技术，2014（4）：86-88.

[135] 吴晓波，张超群，王莹. 社会网络、创业效能感与创业意向的关系研究 [J]. 科研管理，2014（2）：104-110.

[136] 席洁雯. 融媒体用户体验中的认知心理研究 [J]. 传播力研究，2019（24）：200-201.

[137] 肖挺. "服务化"能否为中国制造业带来绩效红利 [J]. 财贸经济，2018（3）：138-152.

[138] 谢洪明，韩子天. 组织学习与绩效的关系：创新是中介变量吗——珠三角地区企业的实证研究及其启示 [J]. 科研管理，2005（5）：1-10.

[139] 颉茂华，乌吉斯古楞. 组织学习顺序、技术创新与公司绩效——基于双案例的对比分析 [J]. 科研管理，2019（7）：257-266.

[140] 谢小燕. 浅析目标管理与全面质量管理的联系与发展 [J]. 商情，2016（28）：139.

[141] 解学芳，张佳琪. AI 赋能：人工智能与媒体产业链重构 [J]. 出版广角，2020（11）：26-29.

[142] 解学梅，方良秀. 国外协同创新研究述评与展望 [J]. 研究与发展管理，2015（4）：16-24.

[143] 熊彼特. 经济发展理论 [M]. 贾拥民，译. 北京：中国人民大学出版社，2019.

[144] 许冠南，周源，吴晓波. 构筑多层联动的新兴产业创新生态系统：理论框架与实证研究 [J]. 科学学与科学技术管理，2020（7）：98-115.

[145] 徐国军，杨建君，张峰. 分布式创新理论研究述评 [J]. 外国经济与管理，2016（5）：32-43.

[146] 许庆瑞. 研究、发展与技术创新管理 [M]. 北京：高等教育出版社，2000.

[147] 许泽聘. 多动互联网新战局：全产业链竞合 [J]. 通信企业管理，2011（2）：39-41.

[148] 亚当·斯密. 国民财富的性质和原因的研究 [M]. 郭大力，王亚

南，译. 北京：商务印书馆，1972.

［149］燕洪国，邢丹萍. 企业技术创新的测度及对公司绩效影响的实证研究——来自2006—2015年沪深两市制造业上市公司的证据［J］. 生产力研究，2017（11）：136-140.

［150］严新忠. 技术创新、管理创新互动与竞争战略融合［J］. 现代管理科学，2003（9）：24-25.

［151］阎叙瑞. 上市公司经营绩效的评价方法［J］. 广西质量监督导报，2019（3）：159-177.

［152］杨娟. 技术创新与企业绩效关系的实证研究［D］. 成都：西南财经大学，2014.

［153］杨林，柳洲. 国内协同创新研究述评［J］. 科学学与科学技术管理，2015（4）：50-54.

［154］杨水利. 技术创新模式对全球价值链分工地位的影响［J］. 科研管理，2019（12）：11-20.

［155］杨水利，易正广，李韬奋. 基于再集成的"低端锁定"突破路径研究［J］. 中国工业经济，2014（6）：122-134.

［156］杨伟，刘益，沈灏，等. 管理创新与营销创新对企业绩效的实证研究——基于新创企业和成熟企业的分类样本［J］. 科学学与科学技术管理，2011（3）：67-73.

［157］姚梦山. 彼得·德鲁克目标管理理论述评［J］. 纳税，2017（11）：45-46.

［158］易丹辉，李静萍. 结构方程模型及其应用［M］. 北京：北京大学出版社，2019.

［159］游达明，杨文峰. 高新技术企业技术创新能力评价指标的构建及其应用［J］. 技术经济，2003（8）：53-55.

［160］余传鹏，林春培，张振刚，等. 专业化知识搜寻、管理创新与企业绩效：认知评价的调节作用［J］. 管理世界，2020（1）：146-166.

［161］喻国明，兰美娜，李玮. 智能化：未来传播模式创新的核心

逻辑——兼论"人工智能+媒体"的基本运作范式［J］．新闻与写作，2017（3）：41-45.

［162］袁平．互动导向、市场环境、战略类型与企业绩效之关系研究［D］．长春：吉林大学，2010.

［163］张长征，李怀祖，赵西萍．企业规模、经理自主权与R&D投入关系研究——来自中国上市公司的经验证据［J］．科学学研究，2006（3）：432-438.

［164］张晨燕．基于目标管理理论的企业管理方法研究［J］．商情，2017（16）：126.

［165］张凤杰，陈继祥．科技型中小企业创新能力评估指标体系研究［J］．上海管理科学，2007（2）：43-47.

［166］张虎，田茂峰．信度分析在调查问卷设计中的应用［J］．统计与决策，2007（21）：25-27.

［167］张洁．企业研发投入、资源特征与创新绩效关系研究——组织"行为—特征"匹配视角［J］．科技进步与对策，2018（2）：82-89.

［168］张靖欣，赵永彬，李巍，等．基于大数据分析的互联网业务用户体验管理［J］．产业与科技论坛，2016（14）：252-253.

［169］张军成，李威浩．"一带一路"背景下新时代科技创新理论及实践路径探究［J］．科技进步与对策，2020（8）：27-33.

［170］张立军，陈跃，袁能文．基于信度分析的加权组合评价模型研究［J］．管理评论，2012（5）：170-176.

［171］张立军，彭浩．科技成果评价的信度分析及模型优化［J］．管理现代化，2016（6）：170-176.

［172］张宁．3G时代移动互联网价值链竞争与商机分析［J］．通信企业管理，2010（7）：83-85.

［173］张文彬．全面创新管理视角下企业技术创新能力成长模型［J］．技术经济，2012（7）：34-39.

［174］张文彤．SPSS统计分析基础教程［M］．3版．北京：高等教育出

版社，2017.

［175］张媛. 互联网产品用户体验设计与评估研究［D］. 南京：南京航空航天大学，2014.

［176］张振刚，沈鹤，李云健. 双向管理创新对企业技术创新投入与产出的影响［J］. 科技进步与对策，2020（16）：1-9.

［177］张振刚，姚聪，余传鹏. 管理创新实施对中小企业成长的"双刃剑"作用［J］. 科学学研究，2018（7）：1325-1333.

［178］赵都敏. 民营企业产业链发展研究［J］. 黄河科技大学学报，2017（3）：12-18.

［179］赵浩. 目标管理理论研究［J］. 中小企业管理与科技（上旬刊），2019（6）：11-12.

［180］赵慧琴，朱建平. 如何用SPSS软件计算因子分析应用结果［J］. 统计与决策，2019（20）：72-77.

［181］赵青，张利，薛君. 网络用户黏性行为形成机理及实证分析［J］. 情报理论与实践，2012（10）：25-29.

［182］赵炎，孟庆时. 创新网络中基于结派行为的企业创新能力评价［J］. 科研管理，2014（7）：35-43.

［183］郑鸿雁. 多渠道零售下顾客体验对购买意愿影响的实证研究［D］. 广州：广东财经大学，2014.

［184］郑蒨. 项目团队管理创新推动技术创新［J］. 价值工程，2019（24）：64-65.

［185］邹建辉，陈德智. 动态能力与企业绩效关系的元分析研究［J］. 管理现代化，2020（4）：66-69.

［186］周江华，李纪珍，刘子谓. 政府创新政策对企业创新绩效的影响机制［J］. 技术经济，2017（1）：57-65.

［187］周江华，刘一凡，李纪珍. 部门间竞合关系对企业创新绩效的影响［J］. 科学学研究，2019（4）：721-728.

［188］周密. 后发转型大国价值链的空间重组与提升路径研究［J］. 中

国工业经济，2013（8）：70-82.

［189］周煜慧. 云南省上市公司经营绩效评价［J］. 福建质量管理，2020（6）：1.

［190］Atuahene-Gima K，Ko A. An Empirical Investigation of the Effect of Market Orientation and Entrepreneurship Orientation Alignment on Product Innovation［J］. Organization Science，2001（1）：54-74.

［191］Benghozi. Managing Innovation：From Ad Hoc to Routine in French Telecom［J］. Organization Studies，1990（4）：531-554.

［192］Birkinshaw J，Hamel G，Mol M J. Management Innovation［J］. IEEE Engineering Management Review，2017（2）：56-75.

［193］Boscari，Stefania，Pamela Danese，et al. Implementation of Lean Production in Multinational Corporations：A Case Study of the Transfer Process from Headquarters to Subsidiaries［J］. International Journal of Production Economics，2016（6）：53-68.

［194］Bostjan Antoncic and Robert D Hisrich. Intrapreneurship：Construct Refinement and Cross-cultural Validation［J］. Journal of Business Venturing，2001（5）：495-527.

［195］Camison C，Villar-Lopez A. Organizational Innovation as an Enabler of Technological Innovation Capabilities and Firm Performance［J］. Journal of Business Research，2014（1）：2891-2902.

［196］Chakravarthy，Balaji S. Measuring Strategic Performance［J］. Strategic Management journal，1986（7）5：437-458.

［197］Chandler，Gaylen N，Hanks，et al. Market Attractiveness，Resource-based Capabilities，Venture Strategies，and Venture Performance［J］. Journal of Business Venturing，1994（4）：331-349.

［198］Chen，Jin，Xiaoting Zhao，Yuandi Wang. A New Measurement of Intellectual Capital and Its Impact on Innovation Performance in an Open Innovation Paradigm［J］. International Journal of Technology Management，

2015（1）：1-25.

［199］Chesbrough, Henry, Sabine Brunswicker. A Fad or a Phenomenon: The Adoption of Open Innovation Practices in Large Firms［J］. Research-technology Management, 2014（2）：16-25.

［200］Chrisman J J, Bauerschmidt A, Hofer C W. The Determinants of New Venture Performance: An Extended Model［J］. Entrepreneurship Theory and Practice, 1998（1）：5-29.

［201］Chung, Jaihak, Vithala R. A General Consumer Preference Model for Experience Products: Application to Internet Recommendation Services［J］. Journal of Marketing Research, 2012（3）：289-305.

［202］Cooper A C, Gimeno-gascon F J, Woo C Y. Initial Human and Financial Capital as Predictors of New Venture Performance［J］. Journal of Business Venturing, 2009（5）：371-395.

［203］Covin J G, Slevin D P. A Conceptual Model of Entrepreneurship as Firm Behavior［J］. Social Science Electronic Publishing, 1991（1）：7-25.

［204］Cumming, Brian S. Innovation Overview and Future Challenges［J］. European Journal of Innovation Management, 1998（1）：21-29.

［205］Daft R L. A Dual-Core Model of Organizational Innovation［J］. The Academy of Management Journal, 1978（2）：193-210.

［206］Damanpour, Fariborz. Footnotes to Research on Management Innovation［J］. Organization Studies, 2014（9）：1265-1285.

［207］Damanpour, Fariborz. Organizational Complexity and Innovation: Developing and Testing Multiple Contingency Models［J］. Management Science, 1996（5）：693-716.

［208］Damanpour, Fariborz, Deepa Aravind. Managerial Innovation: Conceptions, Processes, and Antecedents［J］. Management and Organization Review, 2012（2）：423-454.

［209］Damanpour F, Szabat K A, Evan W M. The Relationship Between

Types of Innovation and Organizational Performance [J]. Journal of Management Studies, 2010 (6): 587-602.

[210] Ersun A N, Karabulut A T. Innovation Management and Marketing in Global Enterprises [J]. International Journal of Business & Management, 2013 (8): 76.

[211] Euchner, Jim, Abhijit Ganguly. Business Model Innovation in Practice [J]. Research-technology Management, 2014 (6): 33-39.

[212] Evan, William. Organizational Lag [J]. Human Organization, 1966 (1): 51-53.

[213] Fabić, et al. Implementation of Management Innovation-a Precondition for the Development of Local Government Effectiveness: Evidence from Croatia [J]. Administratie si Management Public, 2016 (27): 7-29.

[214] Finstad K. The Usability Metric for User Experience [J]. Interacting with Computers, 2010 (5): 323-327.

[215] Garcia-Macia, Daniel, Chang-Tai Hsieh, et al. How Destructive is Innovation [J]. Econometrica, 2019 (5): 1507-1541.

[216] Gereffi, Gary. International Trade and Industrial Upgrading in the Apparel Commodity Chain [J]. Journal of International Economics, 1999 (1): 37-70.

[217] Geroski, Paul, Steve Machin, et al. The Profitability of Innovating Firms [J]. The RAND Journal of Economics, 1993 (6): 198-211.

[218] Gregory B, Murphy, Jeff W, et al. Measuring Performance in Entrepreneurship Research [J]. Journal of Business Research, 1996 (1): 15-23.

[219] Hai-Fen Lin, Jing-Qin Su, Angela Higgins. How Dynamic Capabilities Affect Adoption of Management Innovations [J]. Journal of Business Research, 2016 (2): 862-876.

[220] Hansen, Morten T, Julian Birkinshaw. The Innovation Value Chain [J]. Harvard Business Review, 2007 (6): 121.

［221］Hecker A, Ganter A. The Influence of Product Market Competition on Technological and Management Innovation: Firm-level Evidence from a Large-Scale Survey［J］. European Management Review, 2013（1）: 17-33.

［222］Helpman, Elhanan. A Simple Theory of International Trade with Multinational Corporations［J］. Journal of Political Economy, 1984（3）: 451-471.

［223］Hewitt-Dundas, Nola, Stephen Roper.Exploring Market Failures in Open Innovation［J］. International Small Business Journal, 2018（1）: 23-40.

［224］Hidalgo A, Albors J. Innovation Management Techniques and Tools: A Review from Theory and Practice［J］. R & D Management, 2010（2）: 113-127.

［225］Hill R. Towards the Fifth-generation Innovation Process［J］. Technology Forecasting and Social Change, 1997（56）: 25-45.

［226］Hollen, Rick MA, Frans AJ Van Den Bosch, et al.The Role of Management Innovation in Enabling Technological Process Innovation: An Interorganizational Perspective［J］. European Management Review, 2013（1）: 35-50.

［227］Hsu C L, Liao Y C. Exploring the Linkages Between Perceived Information Accessibility and Microblog Stickiness: The Moderating Role of a Sense of Community［J］. Information & Management, 2014（7）: 833-844.

［228］Hult G T M, Hurley R F, Knight G A. Innovativeness: Its Antecedents and Impact on Business Performance［J］. Industrial Marketing Management, 2004（5）: 429-438.

［229］Igartua J I, Garrigos J A, Hervas-Oliver J L. How Innovation Management Techniques Support an Open Innovation Strategy: The Use of Innovation Management Techniques Can Help Managers of Small to Medium-Sized Companies to Establish a Well-Structured Open Innovation Strategy［J］. Research Technology Management, 2010（3）: 41-52.

［230］John L. Enos. Invention and Innovation in the Petroleum Refining Industry［J］. Nber Chapters, 1962（8）: 786-790.

［231］John P Campbell. On the Nature of Organizational Effectiveness［J］. 1977（13）: 55.

［232］Johne A. Using Market Vision to Steer Innovation［J］. Technovation, 1999（4）: 203-207.

［233］Kalay, Faruk, et al. The Impact of Strategic Innovation Management Practices on Firm Innovation Performance［J］. Research Journal of Business and Management, 2015（3）: 412-429.

［234］Khalifa, Mohamed, Moez Limayem, et al. Online Customer Stickiness: A Longitudinal Study［J］. Journal of Global Information Management (JGIM), 2002（3）: 1-14.

［235］Khosravi, Pouria, Cameron Newton, et al. Management Innovation: A Systematic Review and Meta-analysis of Past Decades of Research［J］. European Management Journal, 2019（6）: 694-707.

［236］Knights D, Mccabe D. A Road Less Travelled: Beyond Managerialist, Critical and Processual Approaches to Total Quality Management［J］. Journal of Organizational Change Management, 2002（3）: 235-254.

［237］Koopman R, Wang Z, Wei S J. Tracing Value-added and Double Counting in Gross Exports［J］. Social Ence Electronic Publishing, 2014（2）: 459-494.

［238］Kumar, Siddharthan. Innovative Capability and Performance of Chinese Firms［J］. Journal of Development Studies, 2002（2）: 59-67.

［239］Lin C C. Online Stickiness: Its Antecedents and Effect on Purchasing Intention［J］. Behaviour & Information Technology, 2007（6）: 507-516.

［240］Lin H, Chen M, Su J. How Management Innovations are Successfully Implemented? An Organizational Routines' Perspective［J］. Journal of Organizational Change Management, 2017（4）: 456-486.

［241］Lin H, Su J. A Case Study on Adoptive Management Innovation in China［J］. Journal of Organizational Change Management, 2014（1）: 83-114.

[242] Liu, Chun-Chu.An Empirical Study on the Construction of a Model for Measuring Organisational Innovation in Taiwanese High-tech Enterprises [J]. International Journal of Innovation Management, 2005 (2): 241-257.

[243] Luk, Chung-Leung, et al. The Effects of Social Capital and Organizational Innovativeness in Different Institutional Contexts [J]. Journal of International Business Studies, 2008 (4): 589-612.

[244] Lundvall, Bengt-Ake.Innovation as an Interactive Process: From User-producer Interaction to the National Systems of Innovation [J]. The Learning Economy and the Economics of Hope, 2016 (6): 61-84.

[245] MacPherson, Alan. The Role of Producer Service Outsourcing in the Innovation Performance of New York State Manufacturing Firms [J]. Annals of the Association of American Geographers, 2015 (1): 52-71.

[246] Magnier-Watanabe, Remy, Caroline Benton.Management Innovation and Firm Performance: The Mediating Effects of Tacit and Explicit Knowledge [J]. Knowledge Management Research & Practice, 2017 (3): 325-335.

[247] Mol M J, Birkinshaw J. The Sources of Management Innovation: When Firms Introduce New Management Practices [J]. Journal of Business Research, 2009 (12): 1269-1280.

[248] Mol, Michael J, Julian Birkinshaw.The Role of External Involvement in the Creation of Management Innovations [J]. Organization Studies, 2014 (9): 1287-1312.

[249] Naveh E, Meilich O, Marcus A. The Effects of Administrative Innovation Implementation on Performance: An Organizational Learning Approach [J]. Strategic Organization, 2006 (3): 275-302.

[250] Nieves, Julia.Outcomes of Management Innovation: An Empirical Analysis in the Services Industry [J]. European Management Review, 2016 (2): 125-136.

[251] Norman D A, Miller J, Henderson A. What You See, Some of What's

in the Future, And How We Go About Doing It: HI at Apple Computer [J]. Conference Companion on Human Factors in Computing Systems, 1995 (5): 155.

[252] Rayport, Jeffrey F, John J Sviokla. Exploiting the Virtual Value Chain [J]. Harvard Business Review, 1995 (6): 75.

[253] Reichheld F F, Schefter P. E-loyalty: Your Secret Weapon on the Web [J]. Harvard Business Review, 2000 (4): 105-113.

[254] Reinhardt R, Gurtner S. Differences Between Early Adopters of Disruptive and Sustaining Innovations [J]. Journal of Business Research, 2015 (1): 137-145.

[255] Roberts, Peter W. Product Innovation, Product-market Competition and Persistent Profitability in the US Pharmaceutical Industry [J]. Strategic Management Journal, 1999 (7): 655-670.

[256] Roberts, Peter W, Raphael Amit. The Dynamics of Innovative Activity and Competitive Advantage: The Case of Australian Retail Banking, 1981 to 1995 [J]. Organization Science, 2003 (2): 107-122.

[257] Roehrich, Jens K, et al. Management Innovation in Complex Products and Systems: The Case of Integrated Project Teams [J]. Industrial Marketing Management, 2019 (79): 84-93.

[258] Romer, Paul M. Increasing Returns and Long-run Growth [J]. Journal of Political Economy, 1986 (5): 1002-1037.

[259] Ruan Y, Hang C C, Wang Y M. Government's Role in Disruptive Innovation and Industry Emergence: The Case of the Electric Bike in China [J]. Technovation, 2014 (12): 785-796.

[260] Ruekert R W, Walker O C, Roering K J. The Organization of Marketing Activities: A Contingency Theory of Structure and Performance [J]. Journal of Marketing, 1985 (1): 13-25.

[261] Scarbrough, Harry, Maxine Robertson, et al. Diffusion in the Face of Failure: The Evolution of a Management Innovation [J]. British Journal of

Management, 2015（3）: 365-387.

［262］Schut, Marc, et al. Innovation Platforms: Experiences with Their Institutional Embedding in Agricultural Research for Development［J］. Experimental Agriculture, 2016（4）: 537-561.

［263］Shu C, Page A L, Gao S, et al. Managerial Ties and Firm Innovation: Is Knowledge Creation a Missing Link［J］. Journal of Product Innovation Management, 2012（1）: 125-143.

［264］Shu C, Zhou K Z, Xiao Y, et al. How Green Management Influences Product Innovation in China: The Role of Institutional Benefits［J］. Journal of Business Ethics, 2016（3）: 471-485.

［265］Sine W D, Mttsuhashi H, Kirsch D A. Revisiting Burns and Stalker: Formal Structure and New Venture Performance in Emerging Economic Sectors［J］. Academy of Management Journal, 2006（1）: 121-132.

［266］Slater, Stanley F, Jakki J Mohr, et al. Radical Product Innovation Capability: Literature Review, Synthesis, and Illustrative Research Propositions［J］. Journal of Product Innovation Management, 2014（3）: 552-566.

［267］Solow, Robert M. Technical Change and the Aggregate Production Function［J］. The Review of Economics and Statistics, 1957（3）: 312-320.

［268］Stata, Ray. Organizational Learning: The Key to Management Innovation［J］. Sloan Management Review, 1994（3）: 63-74.

［269］Staw B-M, Epstein L D. What Bandwagons Bring: Effects of Popular Management Techniques on Corporate Performance, Reputation, and CEO Pay［J］. Administrative Ence Quarterly, 2000（3）: 523-556.

［270］Steers, Richard M. Problems in the Measurement of Organizational Effectiveness［J］. Administrative Science Quarterly, 1975（4）: 546-558.

［271］Tee R, Gawer A. Industry Architecture as a Determinant of Successful Platform Strategies: A Case Study of the I-mode Mobile Internet Service［J］. European Management Review, 2009（4）: 217-232.

[272] Teece D J. Business Models, Business Strategy and Innovation [J]. Long Range Planning, 2010 (2): 72-94.

[273] Vaccaro I G, Jansen J J P, Bosch F A J V D, et al. Management Innovation and Leadership: The Moderating Role of Organizational Size [J]. Journal of Management Studies, 2012 (1): 28-51.

[274] Venkatraman N, Ramanujam, et al. Measurement of Business Performance in Strategy Research: A Comparison of Approaches. [J]. Academy of Management Review, 1986 (4): 801-814.

[275] Walker R M, Chen J, Aravind D. Management Innovation and Firm Performance: An Integration of Research Findings [J]. European Management Journal, 2015 (5): 407-422.

[276] Wright C, Sturdy A, Wylie N. Management Innovation Through Standardization: Consultants as Standardizers of Organizational Practice [J]. Research Policy, 2012 (3): 652-662.

[277] Xue, Jie, Zhengang Zhang. The Generation Process of Internal-driven Management Innovation in Companies in Transitional Economies [J]. Journal of Organizational Change Management, 2018 (4): 895-919.

[278] Yamin S, Mavondo F, Gunasekaran A, et al. A Study of Competitive Strategy, Organisational Innovation and Organisational Performance Among Australian Manufacturing Companies [J]. International Journal of Production Economics, 1997 (1): 161-172.

[279] Yang, Xiaojing, Huifang Mao, et al. It's not Whether You Win or Lose, It's How You Play the Game? The Role of Process and Outcome in Experience Consumption [J]. Journal of Marketing Research, 2012 (6): 954-966.

[280] Zeitz Z G J. Beyond Survival: Achieving New Venture Growth by Building Legitimacy [J]. Academy of Management Review, 2002 (3): 414-431.

附　　录

一、个人背景情况

1. 在本公司工作时间：□1年以内　□1～3年　□3～5年　□5年以上

2. 学历：□初中及初中以下　□高中　□专科　□本科　□硕士及硕士以上

3. 职务：□一般员工　□基层管理者　□中层管理者　□高层管理者

4. 部门：□生产　□销售或者市场　□研发　□技术支持或者售后服务　□人力资源　□财务或会计　□其他（请注明）

二、互联网企业情况

1. 公司名称：_____

2. 公司性质：□国有企业　□民营企业　□中外合作/中外合资/外商独资

3. 公司成立年数：□1年以下　□1～3年　□3～5年　□5～10年　□10年以上

4. 公司经营规模在本行业中属于：□偏大型　□大型　□中型　□偏小型　□小型

三、调查问卷表

请仔细阅读并判断以下有关技术创新、管理创新、用户体验与经营绩效的说法是否符合贵公司的实际情况。表中有 1～5 个层级供选择，其中，1 = 不符合；2 = 不太符合；3 = 基本符合；4 = 比较符合；5 = 完全符合。请您根据实际情况在相应的信息上打"√"，每题只能选择一项。

	技术创新测量题目	1	2	3	4	5
TI1	近三年企业乐于接受有科研成果支持的新技术					
TI2	相较于竞争对手，近三年企业对研发经费的投入水平更高					
TI3	相较于竞争对手，近三年企业的研发人员占比更高					
TI4	近三年企业是一个敢于冒险、勇于尝试的公司					
TI5	近三年企业通过较为激进的专利政策鼓励技术创新					
TI6	近三年在企业中创新不会被认为有很大的风险而被阻止					
TI7	近三年企业密切跟踪技术领域最新的研究成果					
TI8	近三年企业鼓励员工之间及职能部门之间相互合作以进行创新					
TI9	近三年企业开发出具备很强创新性的新技术					
TI10	近三年企业常常在行业内率先推出新产品和新服务					
TI11	相较于竞争对手，近三年企业申请专利的数量较多					
	管理创新测量题目	1	2	3	4	5
MI1	近三年企业采用新的方法整合后勤体系					
MI2	近三年企业注重整合产业相关技术以协助新产品开发					

续表

	管理创新测量题目	1	2	3	4	5
MI3	近三年企业注重建立跨职能部门团队执行企业的专项计划					
MI4	近三年企业会适时调整员工的工作以实现公司目标					
MI5	近三年企业建立新的绩效衡量方法，以有效了解员工达成目标的程度					
MI6	近三年企业采用新的方法降低成本					
MI7	近三年企业采用新的方法提高财务管理能力					
MI8	近三年企业采用新的方法提高人力资源管理能力					
MI9	相较于竞争对手，近三年企业获取资源的速度更快					
MI10	近三年企业采用新的方法提高盈利和回报预测的准确性					
MI11	近三年企业采用新的方法提高营销计划能力					
MI12	近三年企业会尝试用不同的管理流程加速达到目标					
MI13	近三年企业会配合环境的需求变更各部门的职权分工					
MI14	近三年企业能够适时地对已有的工作流程和程序进行再设计					
MI15	与同行业相比，近三年企业能够借助政府的力量获得一定竞争优势					
MI16	本企业已经形成良好的技术创新联盟且能够很好地利用这些创新资源					
	用户体验测量题目	1	2	3	4	5
UE1	企业界面色彩搭配美观					
UE2	企业导航栏目层级清晰					
UE3	企业整体界面布局合理					

续表

	用户体验测量题目	1	2	3	4	5
UE4	企业文化资源种类丰富					
UE5	企业文化信息资源更新及时					
UE6	企业文化信息资源内容全面					
UE7	企业搜索、查询和浏览等功能的体验程度					
UE8	企业可依据个人喜好提供个性化页面和推送服务					
UE9	企业满足用户需求的程度					
UE10	有问题可以方便与管理人员进行沟通					
UE11	企业提供的文化资源对用户很有用					
UE12	企业提升了用户的自身价值和素养					
UE13	企业对用户情感的满足程度					
UE14	企业为用户提供了生活便利服务					
	互联网企业经营绩效测量题目	1	2	3	4	5
OP1	近三年企业的营业收入增长率高于行业水平					
OP2	近三年企业的利润率高于行业水平					
OP3	近三年企业的经营成本低于主要竞争对手					
OP4	与同行业相比，近三年企业的用户满意度很高					
OP5	与同行业相比，近三年企业的用户忠诚度很高					
OP6	近三年企业的市场占有率比主要竞争对手高					
OP7	与同行业相比，近三年企业的产品更加适应市场的需求					
OP8	企业有相当高的利润来自新开发的产品和服务					